放下的幸福

The Happiness of Letting Go

聖嚴法師的47則情緒管理智慧

聖嚴法師◎著

編者序

幸福，是每個人都想要的。我們總是喜歡說「追求」或「爭取」幸福，彷彿幸福是一面高掛在牆上的獎牌，必須經過一番競爭與奮鬥才能獲得。這種普遍的意象使許多人認爲，幸福是來自於自己身心之外的某樣東西。然而，您是否有過這種經驗：當自己得意地看著手中辛苦掙來的戰利品時，卻隱約察覺到有一種失落感，因爲我們所期待的「幸福」，並未隨之而來。

爲什麼一個人可能得到一切卻仍舊不幸福？因爲幸福其實是來自自我的「放下」、煩惱的「消融」，而不是任何東西的「獲得」。聖嚴法師在這本書中要告訴我們的是：眞正的幸福，不必依賴任何外在的人事物，也不是來自變幻無常的情緒與感覺，而是心的一種清楚、愉快與平靜的狀態。因此，透視煩惱，進而運用方法化解、對治煩惱，到最後完全放下煩惱，即是追求幸福的下手處。

聖嚴法師在第一篇首先探討的正是煩惱的來源——情緒。他指出三種「情」——情操、情感與情緒的不同，並強調：任何情緒都是情感無法滿足所造成的衝擊與困擾，都是煩惱。書中的第二篇至第六篇，則分別深入探討對我們造成最大傷害的五種煩惱——貪、瞋、癡、慢、疑，也就是佛陀所說的「五毒」，並提供不同層次的管理與解決之道。

法師擅長以短短的幾句話，為一般人不易釐清的觀念做出精彩的說明，例如，對於何謂「貪」，他說：「得到了需要的東西不叫貪，不需要而想要的才叫貪。」在解釋如何對治「瞋」時，則說：「忍並不是忍氣吞聲地受委屈，而是克制自己的衝動，不要馬上做出反應。」

煩惱雖有千百種，但是它們和所有的事物一樣，只是暫時性的存在。惱人的情緒來襲時，只要善用書中的方法一一化解，最後終能「放下」執著，讓心回歸單純、天眞的本性，這時，幸福便不求自來了。

法鼓文化編輯部

目次

2 編者序

第一篇 管理情緒有妙法

11 有情緒的人生才活得過癮？
15 情緒從哪裡來？
18 業力與潛意識
21 如何安心？
24 煩惱與習氣
27 調和感性與理性

第二篇 貪

33 什麼是貪心？
36 爲什麼貪心？
39 轉貪心爲願心
42 以布施對治貪念
44 名利只是暫時擁有
47 遠離名位、權力的誘惑
50 廣結善緣帶來好人緣
53 凡事恰到好處最好
56 清貧與慳吝大不同

第三篇 瞋

61 爲什麼要生氣？
64 瞋是心中火

67 瞋心與慈心
70 逆境要忍，順境也要忍
74 生氣是慢性自殺
77 忍耐不是忍氣吞聲

第四篇 癡

83 別顚倒看世界
86 煩惱與愚癡
89 跳出自己設的陷阱
92 危機就是轉機
95 善用生命不懈怠
98 不爲自己找藉口
101 讓生活重新上軌道

第五篇 慢

107 是自信，還是自負？
110 心存謙恭，樂當配角
113 知慚愧才能更上進
116 不懂就說不懂
119 發現不足，包容別人
122 謙虛才有成長空間
125 慚愧不是自卑
128 以鼓勵代替責備
131 脫掉虛有其表的外衣
134 如何消除虛榮心？

第六篇 疑

139 該不該懷疑？
142 疑心與信心
145 用信來除疑
148 疑出柳暗花明
151 不要擔心未來
154 怕也沒有用
157 如何去除恐懼？
160 無有恐怖
163 自信度過每一天

第一篇

管理情緒有妙法

人的五大根本煩惱——貪、瞋、癡、慢、疑，
會帶來許多情緒的困擾，
如何以佛法消解情緒煩惱，開創幸福人生？

有情緒的人生才活得過癮？

從佛法的觀點來看，我們人是有情眾生，既然是「有情」，當然就會有情緒。我們也大都體會過控制不住情緒，反被情緒所控制的苦，甚至常常因為一時情緒衝動而犯了錯，事後卻又懊悔不已。

情有很多種，第一種是情操，例如哲學家的情操、藝術家的情操、宗教家的情操，以及政治家的情操。這些情操是理性的，對人、對世界、對自己都是有益的，如果一個人沒有情操的話，那就跟低等動物沒什麼兩樣了。

第二種是情感，情感是指與親人，或是與自己有關係的人事物之間，因為喜歡或是不喜歡而產生的感情現象。情感雖不如情操那麼高尚，但是人如果沒有情感，那就形同植物或礦物。只是情感是自私的，以自我的喜怒哀樂爲依據，可以是善的，也可以是惡的，不是十分穩定；而情操卻是非常清淨，且非常和平、穩定的。

第三種是情緒，情緒是從情感而來，當情感不能宣洩、滿足時，心裡就會發生衝擊和困擾，因此產生情緒。情緒就像是暴風雨中的海浪，沒有理性、規律，而且波動非常厲害，只不過有的人波動很高，有的人較低一點而已。

情緒來的時候，就像無明火，會大哭也可能會大笑，甚至還會揍人，出現暴力傾向。所以，一個老是情緒用事的人比情感用事的人更糟糕，也非常可怕，不但造成自己的困擾，別人看到情緒衝動的人，也會敬鬼神而遠之。因此面對問題時，最好不要隨便動情緒。

但是有人會說：「如果人生活得毫無波動變化，好像未免太平淡而無味了。人生要有大悲大喜才活得過癮，所以有情緒也沒什麼不好啊！」

這種將人生的情緒起伏視爲一種調劑的看法，實在是似是而非！試想每一次情緒的波動，身體的細胞不知道就要死多少，不但身體不健康，心理也不會健康。如果老是在大喜大怒、大悲大樂的情形下生活，是活不久的，一點也不划算。要讓自己經常生活在愉快平靜的情況下，情緒才會穩定，心理也才會健康。

要避免情緒過分的波動，首先就要明白情緒會帶給自己與別人災難的嚴重性，這樣才會懂得約束自己的情緒。情緒會帶來一波接著一波的壞事，就好像是高血壓會帶來生命的危險一樣，首先可能是中風，再來就是癱瘓，說不定接著就是死亡。所以預防自己情緒的產生，是非常重要的。

預防的方法，就是在情緒還沒有發生以前，能夠先察覺到自己已經快要動情緒了，在這個關鍵時刻，用觀念來化解，告訴自己動情緒是划不來的，因爲最後倒楣的還是自己，甚至連他人也會遭殃。

除了運用觀念之外，一些修養的工夫，例如靜坐，或是經常默念「阿彌陀佛」、「觀世音菩薩」的聖號，也會很有幫助的。在情緒還沒有生起之前，念佛可以產生移轉作用，讓情緒轉換爲一種念佛的清淨念頭，一種信仰的念頭。

然而，我們在運用觀念或方法的時候，也要明白目的不是在壓抑自己，而是要化解自己的情緒問題。其實只要我們不管它，不要老是在想這個問題，或是老想要衝過它、對付它、抗爭它，情緒反而都能很簡單地化解。

情緒從哪裡來？

在混亂、緊張匆忙的時代裡，人的情緒時時刻刻都在浮動，所以懂得如何控制情緒是非常重要的。最簡單的方法，就是在我們的日常生活裡，不要總是將焦點放在情緒的爆發點上，可以利用散散步、喝一杯水、聽一首柔和的音樂，或是找朋友談談，讓情緒慢慢緩和。

更進一步的方法，是觀察自己的念頭從哪裡來？也就是看念頭是怎麼產生的？不過，念頭從何而起，常常連自己也不知道。既然不知道究竟是什麼原因造成的情緒，那麼根本就不需要管它，因爲不必爲了沒有發生過的事生氣。即使是發生過的事，也都已經過去了，那又何必生氣呢？動情緒不但沒用，反而會使自己亂了方寸；如果再加上出言不遜，或動作粗暴，那我們身上的細胞不知道會死掉多少，眞是既傷身又傷心。

知道引起情緒起伏的原因，觀察情緒的生滅，以及瞭解情緒對健康的影響，這才是一種非常有智慧的處理方式。這種智慧，就是明白情緒生滅的來龍去脈；知道了以後，該怎麼處理，就怎麼處理，問題統統交代清楚以後，自己反而沒有事，既然沒有事，情緒就會安定下來。

另外，更深一層的方法，是根本不管它的來龍去脈，不管它的源頭是什麼？起因是什麼？爆發點是什麼？而是往下去看，看自己的念頭是好念頭嗎？是智慧的念頭，還是煩惱的念頭？如果是煩惱的念頭，老是自己跟自己過不去，那就太沒智慧了。人之所以爲人所愛、所敬，就是因爲有智慧，會有人想做愚者嗎？只要是情緒都是不好的，所以我們面對情緒，只看念頭而不管它的好壞，或是怎麼生起的，當下就停止念頭。

所以，佛教稱起煩惱時爲熱惱，惱就是煩惱，熱就是火熱。雖然在現實中，我們不在地獄，但其實痛苦的程度和身在火熱地獄沒有兩樣。把自己放在地獄裡，是多麼愚蠢的事啊！在這個時候，就要馬上當機立斷，讓煩惱的念頭一起時，就馬上止息。

但是要做到這個層次相當不容易，所以還是要從第二個層次，也就是從看著念頭起、看著念頭滅的工夫做起。等到工夫純熟之後，才能再進一步到達一發現念頭起，馬上就不見的地步。能到達這個層次的人，我們稱他爲賢者，但賢者並不是沒有煩惱，只是已經不會再被煩惱傷害，也不會再傷害其他的人，這是自我成長過程中非常重要的一個階段。

業力與潛意識

面對人類行爲與情緒的失控，根據佛教的說法，這和個人業力有密切的關係。業力這個觀念是指我們在過去無量世（也可以說是「無始」）以來，在生生世世之中，所有的種種行爲（包括身體的、語言的和心理的行爲），所造成的一種力量，一直累積下來而集中到我們現在這一生之中。

不過，並不是我們過去世所有的業力，全部都會在這一生中顯現出來，而是要看哪一種業力最強，以及哪一種業力和我們這一生的環境、因緣最相近也最相應，才會在這一生出現。當然，如果業力的力量小，或是雖然強大，但是沒有機會或環境讓它發展，那麼它也就不會起作用了。

然而，很多心理分析學家都將業力歸咎於潛意識，認爲是潛意識在不知不覺中支配著我們的行爲與生活，才會影響我們能力的發展和智慧的判斷。心理學上的潛意識，是自己不能控制也不能自覺的，它蠢蠢欲動，根本不知道什麼時候會產生這麼一個念頭，而且還不斷出現的現象。它很可能是由我們從小到大的種種經驗、學習而得來的影響，並在頭腦裡產生的一種力量；也有可能是自己給自己的訊息，並不是外界或生命之中發生過的事，但是自己的心念常常告訴它、暗示它，結果就變成一種潛意識。

因此，我們可以說潛意識是從業力來的，因爲過去有些業的力量相當強，所以到了這一生會對某一些事情記得特別清楚，而且很深刻地進入頭腦，並從內在製造一些觀念，於是就出現一些念頭，變成了潛伏的意識活動。不過，它雖然從業力來，但是和業力並不同，潛意識是已經在運作的，在我們這一生之中時時刻刻找到機會就會出現；而業力則有的已在運作，有的則無，也就是有的在這一生能夠現前，有的則不會現前。當我們瞭解潛意識與業力愈多，發生問題的機會便愈少，因爲我們已經知道那是什麼了。

這就像人都怕鬼，而人怕鬼的原因多半是因爲不知道鬼的模樣，也不知道鬼在哪裡，所以隨時隨地都在疑神疑鬼。反之，如果清楚鬼是什麼模樣，也知道他會在哪裡出沒，就不會怕他了。潛意識和業力也是這樣，如果我們瞭解潛意識愈多，對我們就愈有幫助。

所以，心理學家、心理醫生往往也試圖勾起人們的潛意識，甚至用催眠術來瞭解受測者的潛意識中究竟在想什麼？想講什麼？準備想做什麼？當受測者知道原因之後，這個潛意識的力量就會漸漸褪色，進而不再產生作用。

而我們的業力就像有根的草，斬草本來應該除根，有時候雖然不除根，但是如果我們一看到草就砍，只要芽一冒出土就除草，那麼草根就會因爲來不及吸收營養而慢慢萎縮。

同樣地，雖然有業力，但是它不一定會造成我們的困擾，就像草根還在，但是只要不讓它有機會生長，業力自然也會消失。我們普通人都有遇到困擾的時候，雖然我也肯定心理治療的效用，但佛法畢竟是正本清源，能除根的，所以用佛法來處理情緒煩惱，比心理分析或是催眠更好一些。

如何安心？

禪宗有一個故事，是初祖菩提達摩和他的弟子慧可禪師之間的對話。慧可禪師老是覺得心裡問題很多，希望菩提達摩能夠幫他安心。於是菩提達摩問他：「你的心在哪裡？把你不安的心拿出來讓我看一看！」結果他找不到自己的心，這時菩提達摩就告訴他：「好，我已經替你把心安好了！」

人之所以內心不安的原因，歸結起來不外是嫉妒心、擔心、瞋恨心、憤怒心、貪心，以及種種矛盾衝突。這衝突包括自己與自己，或自己與他人之間，以及現實和想像或期待之間的落差。

譬如嫉妒心，有時我們看到別人的表現好，心裡就會不舒服，其實別人有好的表現應該要讚歎歡喜，感同身受。而且對別人的成就，我們也可沾一份喜悅，甚至起而效法。與其嫉妒別人，不如去瞭解他人能夠成功的原因，並且看看自己要怎麼做才能夠像他一樣優秀。但是，有時別人能得到的，也許自己付出了同樣的努力還是得不到，這時就要想到可能是因爲自己的因緣福報不夠，只要再努力，然後加上因緣福報的促成，自然就會成熟了。

所以別人的成功，一定也是辛苦努力來的，即使不是這一生的辛苦，也是過去生累積而來的。有的人會對別人生來有錢、有地位，感到不服氣，覺得自己辛苦一輩子，既沒有錢，也沒有福氣。這時我們就要想到，這是別人過去世努力修來的結果，不用羨慕，也不需要嫉妒。

另外，貪心也是常使人心不安的原因，能夠得到的不叫貪，得不到的卻想要，這才是貪。貪得無厭是很痛苦的事，其實能夠得到的自然會來，所謂水到渠成，根本不必挖空心思去想、去和別人爭，只要努力去經營，自然會開花結果。如果成果沒出現，表示因緣尚未成熟，也不必爲此難過。能夠這樣想，就可以消除因貪而產生的痛苦了。

事實上，內心不安，多半是庸人自擾，自尋煩惱。當覺照到心不安的時候，可以先瞭解心爲什麼不安？找到原因之後，就會發現很多煩惱都是沒有必要的。例如參加聯考，有的人考完試，每天等著放榜，心裡等得很不安，一直在擔心會不會上榜？究竟考上哪裡？這時如果能轉念一想：「反正都已經考完了，擔心這麼多也無濟於事。至於放榜以後究竟會怎麼樣，到時候再來打算，現在擔心也沒有用，何必自尋煩惱？」這樣一想，馬上就會心安，覺得自己的胡思亂想眞是無聊！

所以，人不安心的時候，可以反思，問問自己不安的原因是什麼？如此一反問，很容易就會發現往往只是自己想太多，事實上，沒有什麼値得煩惱和難過的。經過這樣的省思，心就會安定下來。此外，內心不安的時候，也可以念「阿彌陀佛」或「觀世音菩薩」聖號，將心、念頭安住在佛號上，不再去想那些煩惱的問題，心自然會慢慢安下來。

煩惱與習氣

人都會有煩惱，當成爲習慣後，煩惱的感覺就漸漸不存在了，只會留下煩惱的現象，也就是習氣。例如一個視錢如命的人，看到了錢就如飢如渴，一看到鈔票就想要佔爲己有，這種飢渴的感覺就是煩惱。如果一個人經常有這種飢渴的感覺，看到錢就想拿，而且完全不理會是不是該拿，這時已經變成是一種貪的習氣，而不是貪的煩惱，所以習氣和煩惱是不太一樣的。

煩惱不但會傷害自己，有時也會傷害別人。如果煩惱生起的時候，不表現出來，也許別人不會受傷，卻會傷害到自己，讓自己很痛苦。例如一個單相思的男孩，心裡總是想著喜歡的女孩，但是對方根本不知道是怎麼一回事，而男孩的內心卻在煩惱。他雖然沒有傷害到其他的人，卻已經傷害到自己。或者說，這個男孩不管對方愛不愛他，總是追著對方不放，把別人煩得痛苦極了，讓對方覺得像是一條甩不掉的蛇，這樣影響到別人，使別人受到傷害，也是帶給別人煩惱。

而習氣往往是在不知不覺中養成的，自己並不覺得在傷害人，也不覺這是煩惱。例如有一些人，和他一起吃飯時，他會習慣地看看別人的碗裡究竟吃些什麼，看得別人很不舒服；或是不管別人的感覺，咳嗽的時候不捂嘴巴，甚至對著人一邊談話一邊咳。他並不知道這些行爲會讓別人感到不舒服，因爲他是無心的，所以不覺煩惱，而他的無心卻傷害到人。這種讓別人討厭的無心怪習慣，就是習氣。

習氣重的人，經常讓人感到討厭；但也有一些習氣，反而讓人覺得有趣。像達賴喇嘛來訪時，他在公共場合常常一邊講話，一邊拉拉衣服或是摸摸鼻子，小動作滿多的。他不管別人的感覺怎樣，但是因爲是從達賴喇嘛的身上表現出來，反而讓人覺得很可愛。

有一次我在台北的國父紀念館演講，因爲衣服穿得滿多的，覺得很熱，當下我也不管別人感覺怎麼樣，就說：「對不起！我很熱。」然後就把外袍脫掉，現場的聽眾則覺得這位法師很自在、很親切。雖然我沒有像達賴喇嘛那樣灑脫，但是我也覺得沒有必要在身體癢的時候，強迫自己不管它，或是不去抓它。身體癢的時候當然可以抓一抓，坐太久也可以動一動，不需要什麼事都一板一眼的，因為這樣也是一種痛苦。

人所表現出來的習氣，有的很可愛，有的卻讓人討厭。因此習氣是必然的，但還是要注意自己是在什麼樣的場合、是什麼樣的身分，千萬不要把自己的舒服建立在別人的痛苦上。否則自己沒煩惱，卻造成別人的煩惱，那就不好了。

調和感性與理性

在一般的看法裡，人大約可以分成兩種型態：一種人非常的感性，另一種人則非常的理性。一般人對感性的人之刻板印象是不理智、無理取鬧，理性的人則是理智而有智慧；所以大多數的人都願意接受理性的人，對感性的人反而敬而遠之。

事實上未必盡然，有時感性的人容易與人相處，而太理性的人往往態度冷淡的冷眼旁觀。例如我有一個徒弟非常理性，做什麼事情都一板一眼，不容許自己和他人做事有錯誤，所以跟他共事的人壓力很大。雖然他做事有條有理，但是人緣不好，因爲大家都怕他。感性的人就不同了，雖然有時有一點多管閒事，但是他會顧慮到別人，會同情、諒解、包容別人。

但是太過感性也不好，如果感情太氾濫，很可能會表錯情而帶來麻煩。如果不能恰到好處地照顧、關懷別人，也會適得其反。因此，感情的表達要適當，不要讓對方感受到太大的壓力，或讓對方習慣你的照顧而黏住你，最後你想擺脫卻擺脫不掉。你的本意原只是單純的關懷和照顧，結果卻造成對方的依賴，這樣的結果對雙方都是傷害。

其實，理性也未必不好，只是一般人的理性是待人處世，樣樣照規矩來，沒有變通和彈性，就像機械一樣，每一個螺絲都得規規矩矩定位，不能更換。如果像這樣的機械化，生活還有什麼味道呢？人與人的關係本來就是互相影響的，不可能一成不變，因此感性和理性要能互相配合，感性的人需要理性來輔助，理性的人需要感性來潤滑，這樣才是一個菩薩行者。

眞正的感性是一種清淨的感性，它是淨化以後的感情，也就是菩薩的慈悲。而理性是智慧的另外一個名詞，但是智慧並不等於理性。理性沒有轉圜的空間，而智慧則可以爲適應對方而做調整，但自己不會在適應調整的過程深陷其中，產生煩惱。這樣，可以和許多有煩惱的人相處，但是自己卻不會受到影響，才是有智慧的人。

人如果只有感性，就容易產生情感的糾纏；僅僅是理性，則又會變成一板一眼，機械化的人生。社會的混亂與不和諧，以及現在許多人的問題，多半就是因爲不知道恰到好處地應用感性和理性，才使得一些人在自認爲感性的時候覺得痛苦，自認理性的時候又不容易爲大眾所接受，社會也因此失去了溫暖。唯有感性和理性的調和，才能眞正爲人間帶來溫暖的慈悲和光明的智慧。

第二篇

貪

凡是「想要」的超過「需要」時，就是貪。
若能生活簡樸、減少欲望，
心便不會隨著物欲而起伏不定。

什麼是貪心？

在佛經上，「貪」有好多不同的說法，譬如它又叫做「欲」，也就是希望、追求、渴求的意思。人到底希望什麼？又渴求什麼呢？人在身心的需求上，最主要的不外是貪「色、聲、香、味、觸」五欲，眼睛貪好看的、耳朵貪美聲、鼻子貪香、舌頭貪好味、身體貪接觸的舒適感。總之，凡是好的都喜歡貪。

但是，人本來就不能不吃飯、不睡覺，眼睛不能不看，耳朵也不能不聽。所以，貪是指我們過分的要求，就如我常跟弟子們說的：「得到需要的東西不是貪，想獲得不需要的就是貪了。」實際上，人們真正的需要並不多，譬如我們睡覺只需要一個床鋪，吃飯只要吃飽就夠了……，可是人仍然想要追求、獲得很多東西，爲什麼人會這麼貪得無厭呢？這和人的心理有關。

人的心理有一種想永遠據爲己有的欲望，因爲一般人想要貪著的東西都是不能永遠保有的，但是當擁有以後又開始擔心會失去。以金錢爲例，我們日常所需的花費並不多，但是一般人總是害怕得到的金錢很快就會用完，所以希望財產能夠愈積愈多，以備不時之需，結果變得貪得無厭。

貪心的人就像一隻爬在結滿果實的桃樹上的猴子，牠看到滿樹飽滿欲滴的桃子，每一顆都想吃，結果摘了一個往手裡放，又摘兩個夾在腋下；摘到最後，不但一顆桃子都沒有吃到，還把自己累死了。人往往就是這樣，被貪心帶來的許多煩惱給累死了。

俗語說：「人爲財死，鳥爲食亡。」其實人並不僅是對財物貪著，對很多東西也都是貪得無厭地追求、爭取。人和人之間很多的摩擦和不協調，也都是因此而起的。所以，貪心不僅爲自己帶來困擾，也會爲社會、自然帶來災難。

本來人在衣、食、住、行等方面的需要並不多，如果是在個人的需要之外，爲全體大眾的需要考慮，這就不叫做貪，譬如希望大眾能夠有衣服穿、有車子坐、有房子可住，爲社會眾生造福，就不叫做貪。

因此，我們除了自己需要的東西以外，不可要得太多。適可而止需要智慧，最簡單的方式，就是時時注意自己的起心動念，看自己到底是爲自己還是爲別人。

為什麼貪心？

只要是貪，都是不好的心態，不會因你所貪著的東西種類不同，而有好壞之別，因爲不管你貪的是什麼東西，都是額外的追求。但它還是有程度上的差別，也就是貪求的目的是爲自己，還是爲了他人的差別。

有一位寺院的住持，才接任沒有多久，就對我說：「自從我當了住持以後，貪心似乎增加了很多，可是我又不能不爲寺院著想。我希望能有更多的信徒前來，希望有更多的錢、更多的弟子，也希望寺院的房子蓋得愈來愈多，很多弘法的事業都能隨之展開。」他覺得當了住持後，頭腦裡整天都在想如何能夠得到更多一點，這讓他很苦惱，可見得貪眞是煩惱的根本。

後來我問他：「你的這些打算、期待，是爲了自己嗎？你希望當住持一定要當得讓人稱讚嗎？或是羨慕你擁有這麼多的信徒、這麼大的寺院，感覺你這個住持很能幹，比任何人都做得好？如果你眞的這麼想，那就是貪。如果不是，而是爲佛教、爲寺院、爲大眾設想，那就不是貪了。」

這位住持爲了弘揚佛法，所以需要有個道場做爲弘法的場所；爲了容納更多人來這個地方修行、聽聞佛法，所以房子要蓋得大一點、多一點；爲了讓眾生能夠得到佛法的利益，能夠種福田、布施供養，所以需要寺院替他們來結合捐款，用清淨的財務來做有益於眾生的事。這些需求全都是因爲眾生、社會需要，和爲了推廣佛法，所以並不是貪。

如果是自己本身的欲望想要，不是爲了他人、團體而著想，那就是貪；爲自己的利益著想，成功時會很驕傲，覺得自己很了不起，好像一切事情都是自己的功勞；失敗時，就覺得很倒楣，害怕讓人看不起。像這樣患得患失的情形，就已在煩惱之中了。相反地，如果能將念頭轉過來，知道自己的努力是爲了佛法、爲了眾生而服務，那就是有智慧的人。

如果眞能這樣想，也就沒有煩惱。對大眾而言也是一樣，大眾的反應都會隨著你的存心和動機而改觀。就像社會上雖然有一些人是以私心在做慈善事業，讓大家誤以爲他是個很有慈悲心、公德心、了不起的人，但是這種人終究還是會被揭穿的。

即使包裝得非常好，讓人誤以爲他是個好人，畢竟還是騙術。既然是騙術，也就是煩惱，就算能騙人一輩子，自己的內心也不能平安快樂。因此，一個有智慧的人，是絕對不會自欺欺人的。

轉貪心為願心

佛法說貪爲苦本，想解決苦的問題，就要先從「知貪」開始。人的需求有兩種，一個是需要，一個是想要，凡是想要的超過自己的需要時，就叫做「貪」。但是，人常常不但不知道自己到底需要多少，而且也很難將需要和想要兩者的差別，分得很清楚，總是感覺還不夠、還沒有滿足。

其實，要分辨需要與想要有何不同，並沒有那麼困難，譬如口渴了要喝水，這就是「需要」；可是解渴只要喝一杯就夠了，如果爲了以備不時之需，而想要儲存兩、三杯，那就和養兒防老、積穀防饑的心理一樣，這就是「想要」的貪了。當前的問題必須先解決，這就是需要，至於以後需要什麼？是不是還需要這麼多？因爲都無法事先預知，所以根本不用顧慮。

人缺乏飲食，生命就不能夠維持下去；沒有男女關係，種族就不能夠維繫傳承，生命也沒有辦法延續。告子說：「食色，性也。」可見飲食男女本是人之常情，會被認爲是壞事的原因，在於人很容易過分地追求，沉湎其中而無法自拔，譬如耽溺複雜的感情世界，或是玩物喪志，這些都會因貪爲自己帶來煩惱，也就是所謂的「人爲財死，鳥爲食亡」。當然，如果是自己眞正喜歡的，而自己的能力也能夠達成這樣的目標，那還沒有什麼關係，但如果是超過了自己的能力負荷的，麻煩就會接踵而來。

除了生存的基本需求外，人通常看到美麗的風景、聽到好的音樂，總會想多看幾眼、多聽一下，這都是人之常情。所以，享受美色與音樂，是本能的反應，並不需要特別厭離。對於公園讓人賞心悅目的花朵，就讓它自然而然地呈現在面前，只需單純欣賞它的美麗；對於音樂，如果正巧聽見動聽的音樂，那就自然地去聆聽，聽得歡喜，也是一種享受。

但是如果覺得花朵很美，而興起想把它摘回家的念頭，這就是貪了。音樂也是一樣，如果聽得渾然忘我，忘了手邊該做的事，而沉迷其中；或是爲了聽好的音樂，而耽溺於玩音響，並且愈玩愈高級，要求也愈來愈多，像這樣不斷地追求或是佔有的欲望，就變成貪了。因此，追求美好的生活品質本是人之常情，但是如果變成執著，那就會帶來各種煩惱。

欲和愛本來並沒有什麼不好，只是它們常常容易引起人們貪的欲望，而欲和愛一旦和貪連在一起，就變成煩惱的名詞。但是貪也有好壞程度的分別，譬如愛可以是一種付出奉獻，而欲也可以是一種希望，希望自己和世界能夠一天比一天更美好、更進步，這就是把貪愛和貪欲轉成願心，轉成一種期待。因此，貪愛和貪欲也可以轉往良善的方向發展，對社會做出積極的奉獻。

以布施對治貪念

貪念會帶給我們許多的煩惱，該如何幫自己除貪、解毒呢？

用布施來對治貪，是最好的辦法。所謂布施，就是捐出自己擁有的財力、物力，來幫助別人度過難關，甚至還可以布施自己的時間、智慧，或利用自己各式各樣的資源協助他人。當我們能多爲別人設想、爲他人謀求福利，往往自己的收穫更多。

以我個人爲例，我本是個一無所有的出家人，可是當我看到有許多人生活得很痛苦，爲了幫助他們改善環境，我就開始想辦法募款，結果有愈來愈多和我有同樣心願的人出來支持我，在眾人的成就下，建設了法鼓山。法鼓山並不是我個人的，而是屬於社會大眾的。

由於我的付出，共襄盛舉的人也愈來愈多，聚集的力量也愈大，能做的事情也就愈來愈多了。這就如同老子所說的：「既以爲人己愈有，既以與人己愈多。」也就是說，如果我們愈能夠奉獻，自己擁有的就愈多，而且不用刻意，它自然而然就會來了。

這就好比井裡的水，取用的人愈多，水源就會源源不絕；如果捨不得供人取用的話，井裡的水永遠都不可能再生。同樣地，如果不捨得把自己擁有的財產給人，不僅財產不會增加，還會被罵是守財奴，而且也會爲了錢該怎麼處理、運用，死了以後又該給誰而擔心，反而徒增痛苦。

所以，如果眞的想布施，即使沒有任何東西都沒關係，因爲只要發了願心，並且努力去爭取、去製造，加強自己的能力，結果一定會有東西可以布施。眞正的布施是奉獻給眾生，心中完全沒有回收的期待，也沒有貪心，這樣才能達到智慧圓滿，福德也圓滿的境地，就像釋迦牟尼佛一樣。

名利只是暫時擁有

一般人貪取的項目，不外是金錢、名位，然而這些東西有時是必須的，有時又是「不請自來」的，所以重點不在如何規避它們，而是要用正確的態度來看待它們。

以儲蓄爲例，如果有正當的目標計畫，像是儲蓄多少錢之後可以請一部《大藏經》，或是就可以設立獎學金幫助人求學，這些都是很好的立意，所以並不是貪。如果儲蓄的目的，是爲了累積財產以滿足私欲，這就是貪了。

又如投資股票，我們常看到有人玩股票玩到傾家蕩產。其實，以股票做爲正常的投資並沒什麼不好，除非是將股票拿來投機炒作，那便是一種貪念，就是煩惱。

金錢就像水一樣，需要常常地流動，流動的時候，不論多也好、少也好，都還是維持在一個整體中。所以當你投資股票時，只要想到這個錢放到股票裡去，可以幫助社會經濟資源的流通，如此，你賺了錢會高興，賠掉了也不會痛苦。

如果你貪心大起，希望賺的錢愈來愈多，那麼在投資的時候，你就會孤注一擲，把全部財力都投進去，結果反被股票套牢了，不得解脫。所以，一樣的行爲用不一樣的觀念與心態去執行時，會帶給你不同的結果。

至於名位，最重要的是實至名歸，否則會爲了保有浪得的虛名而痛苦不堪。「名」不過是一項工具，因爲有名自然就有社會地位，有社會地位就有能做的事業、能發揮的力量。有名位並不是壞事，但有名聲、地位充其量只是「大家知道」而已，不要把名位當成自己。事實上，名位也不需要刻意追求，時機成熟時，它自然而然就會出現，因此也沒有必要看得太重，患得患失。

有的人因爲在電視上的曝光率比較高，變得有名了，所以就開始對名斤斤計較，怕自己又變回一個默默無聞的人。如果眞的有一天電視上不再出現他的面孔時，他可能就會覺得社會遺棄了他，於是產生失落感，變成一種煩惱。

其實，個人的事蹟會在報紙、電視上這一類大眾媒體上被報導，並不代表什麼，只是因爲我們做了這些事，恰好被大家看到罷了。如果沒有機會曝光，就表示時間、環境還沒有因緣需要我公開出現，我可以在其他地方做其他的事。

所以，不論是金錢或名位都應該把它當成是暫時的擁有，而不要把它看成實質的東西，或當成是自己的代表，有也好、沒有也好，都只是一時的因緣而已，這樣就不會有痛苦煩惱了。

遠離名位、權力的誘惑

名位、權力，人人都想追求，許多年輕人常常會說：「只要我喜歡，有什麼不可以？」彷彿愈作怪，出名的機會就愈大。其實他們多半只是希望被注意，純粹是爲了出名而出名，可是這種滿足只是一時的刺激，所得的也只是一種虛名，而虛名只會引來浮利。縱然眞的得到利益，恐怕也是非常地空虛吧！

然而，年輕人從來不考慮這種虛名究竟能讓自己有多少利益？對他人又有多少好處？虛名浮利往往反而是造成煩惱的原因，爲了讓別人知道他們，所以必須不斷地興風作浪，引起討論話題。即使所作所爲沒有犯法，卻已經造成社會的浮動和人心的不安了，不僅他們本身是群受害者，對整個社會也是有害而無益的。

面對這種社會現象，我們並非無能爲力去改變社會風氣，最重要的還是從小開始的家庭教育。做父母的應該要把孩子當成朋友般看待，和他談心，輕鬆自然地討論這些問題，慢慢讓孩子自己發現一些正面的東西，建立正確的見解，而不僅是教訓孩子，強輸觀念給他們。另外，父母的行爲對兒女來說，具有示範的作用。試想：如果父母自己就做不好，卻對孩子說：「我這樣是不對的，但是孩子啊！你千萬不要學我啊！」孩子怎麼可能因你的說法而改變觀念呢？

除了名位以外，權力也是很多人想要擁有的。有權力時雖然可以做點事，可是和名位一樣，我們要小心別被權力控制，落入煩惱的境界裡。

雖然有權的人往往也有名，但有名的人不一定有權，因爲有名的人大部分只是在場面上出現，背後有一隻更有力量的手在操控他，因此他們只是演戲的人。演戲的人雖然有名，但在背後操控的人才有實權，譬如很多公司的董事長、總經理，就不是實權者。

權力一方面從金錢而來，另一方面從智慧而來，也有從職位而來的。所以，如果你有錢、有智慧，也有職位，即使沒有名，也一定會有權。有的人有了權之後，就開始弄權、玩權，將人玩弄於股掌之上，卻沒有想到未來變化。要知道，權勢有它的時間性、階段性，而且每個人都有年齡的限制，因此人不可能永遠掌權。隨著身體衰老、環境變化的時候，權力終究也會失去，所以最好不要玩權。

有權能夠爲人設想、幫助他人，而不過分使用權力或自私自利，那是很好的，名位也是一樣。所以，重要的是你使用權力的願心，以及你看待、運用它的態度。

廣結善緣帶來好人緣

我們都知道貪是不好的習慣，可是有時候我們又會走入另一個極端——慳，也就是小氣、捨不得和吝嗇，有人以爲這是節省，其實慳和節省是兩回事。

慳和節省的差別，主要在於節省的目的，譬如我們有十塊錢，爲了布施而量入爲出，努力節省了一塊錢，這就不是慳。相反地，如果我的生活只需花費五塊錢，可是當沒飯吃、沒衣服穿的人向我們求救時，也捨不得將剩餘的五塊錢布施給人的話，那就是慳了。

因此，慳是即使自己有多餘的東西也不給人，而寧可把它貯藏起來，這樣的行爲對他人沒有利益。但它不像貪是硬把別人的東西變成自己的，所以不會損害到人，和貪比起來稍微好一些。

雖然慳不會傷害別人，可是許多人就是因爲捨不得布施，反而阻礙了自己的成長和事情的發展。譬如有的人學問很好、知識非常豐富，或是技術相當精巧，但他就是不願傳授給人，也不願意分享給人，死的時候等於把智慧財產帶到棺材裡，這不就等於沒有用了嗎？

又譬如你公司裡有很多的職員，他們爲你賺了很多的錢，結果你一毛不拔，那麼這個公司還能繼續存在嗎？有利就應該共同分享，而分享的時候可以分層次，付出的多分享的多，付出的少則分享的少。

一個老闆付出的是資本、是他的智慧與心力，因爲他付出的最多，所以得到得多是正常的。但是，一般職員至少也付出了勞力、智慧和努力，甚至還付出了超額的時間來爲公司工作，所以給予適當公平、合理的分享，是應該的。如果只曉得剝削，或者不願意和員工分享利益，就會漸漸失去向心力和人緣，這就是慳吝帶來的損害。

有的人雖然沒有什麼財產，但是他很慷慨，願意把所有的東西與他人分享，因爲這麼慷慨，所以大家都相信他、擁護他，可說是一個領袖人才。而一個慳吝的人，因爲不願意把自己的所有和人分享，所以沒有人緣，也不會得到別人的擁戴。

但是，慷慨和「打腫臉充胖子」還是有差別的。慷慨是自己沒有，或有的不多，而盡其所能地奉獻給人；而有的人則是自己沒有，卻拿別人的東西，譬如用賒、借、偷、搶等方式所獲得的東西來和別人一起享受，也就是慷他人之慨，是在打腫臉充胖子了。

今生沒有廣結人緣的人，來生只會是個愚蠢的人。如果能將自己所擁有的東西與人分享，來生才會增長福慧。

凡事恰到好處最好

慳吝會讓我們不得人緣、失去朋友，同時自我也不能成長。因此，無論我們有什麼東西，都盡量能讓人充分運用，包括名位、財產和權力等都是一樣，而不要自己獨享。有很多名人就是怕被人利用，因此不願意把名借給人，像有時別人只不過是希望能借助你的名氣來推廣某一個活動，代表你也贊成這件事情，但即使這只是一個假名，你可能仍然不願意借給他用。

當然，我們要愛惜羽毛，弄清楚對方的目的，不要讓人假借你的名去做壞事。如果目的是正當的，請求的人也沒有什麼問題，你卻不給他用，那就是慳了。如果經過瞭解之後，發現對方或是事情本身有點爭議性，那最好還是不要給他用，否則恐怕會惹很多麻煩，別人會懷疑你怎麼會和那種人牽扯在一起，進而猜測你們也許是合夥人，如果是這樣，就得留意愛惜羽毛。不過，愛惜羽毛過了分，那也叫做慳。

名是如此，權也是一樣，只要能夠做好職務之內的事以及必須做的事，那就不是慳。我們常說「人在公門好行善」，就是希望有權的人能隨時主動運用自己的權力來幫助他人，利益眾生和社會。如果說有權的時候不用權，或是不用來利益社會大眾，只是抱持做做官，讓上司不生氣、下屬高興，和和稀泥的心態，那這個權力就浪費掉了，給你權等於沒有用一樣。所以，權還是要給有魄力、有理想的人來做。

但是，去慳有時很容易又變成是一種浪費，因此二者之間一定要取得平衡點。凡是多餘的就叫做浪費，如果是恰到好處地付出，那就不是浪費。譬如別人已經給他某樣東西了，你又再給他一份；或是今天有了、明天也有了，你還要給他更多，那就是浪費了。

中國人很怕被別人批評爲小氣，總希望讓人覺得自己很慷慨，所以請客的時候，明明五道菜就可以吃飽了，卻一定要準備十二道菜，彷彿這樣才不算小氣，結果每道菜都剩下很多，形成浪費，這實在是一種惡習。所以請客的時候，要考慮自己所請的是什麼樣的客人？而自己的身分、財力又是如何？雖然不要太吝嗇、寒酸，但也不要過分浪費。

我們做事要掌握「恰到好處」這四個字，任何事恰到好處就是最好的，過與不及都不好。因爲不及就是慳，超過就是浪費，能以智慧來分辨如何做是剛好，就能做到恰到好處。

清貧與慳吝大不同

清貧生活的風氣曾流行一時，也可以稱爲是一種簡單過生活的思潮。所謂清貧生活，就是符合自然，盡量節約，崇尚樸實，是一種返璞歸眞的生活。它和慳不同，慳是捨不得用，而清貧是強調生活的清淡、簡樸，因此需要用的東西仍然要用，只是要耐久而不奢華；自己的環境也要打理得非常簡單、素雅，不講求過分的華麗和花俏。

我有一個朋友，雖然他是船運業的鉅子，是位大商人，但他每天早上吃的東西都非常簡單，只要一杯咖啡、一個蘋果、一杯牛奶，就打發了。有一天我去拜訪他，他從冰箱裡拿出一個檸檬，看起來已經切過好幾次了；接著他切了一片放進他的紅茶裡，也切了一片放到我的紅茶裡，然後又放回冰箱。我就問他：「這個檸檬吃了幾天？」他說：「這是第三天，反正一個人吃飯，早餐也習慣這樣。」我說：「這樣子是不是太節省了？」他說：「可是我只要這麼多啊！」因此，他一個檸檬大約可以吃上五、六天。

一般人也許會因此而覺得這個人很慳吝、很小氣，其實他是非常慷慨的人，常用金錢幫助他人，設立了各種獎學金來幫助社會、幫助學校，和所有需要幫助的年輕人。他將自己個人的花費降到最低，生活過得相當簡單，然後再把大筆的錢提供給需要的人，這種人怎麼會是慳呢？

另外，還有一個人也很有意思，他每次來看我都會帶一籃水果，我問他：「你平常不是已經有別的捐款了嗎？爲什麼每次來都還要帶一籃水果呢？」他回答我說：「師父，我每次來都不坐自己的車子，而將省下來的汽油錢拿來買水果，因此這籃水果都是從車錢中節省下來的。」

像他這樣當然也不算慳，慳是因爲不捨得給人才節省，清貧則是爲了生活簡單，並不是捨不得。而且唯有自己簡樸、簡單，才會有更多的東西給人；如果自己浪費、享受了，那能給人的東西就減少了。

清貧思想爲什麼能夠流行？這是因爲欲無止盡，物質的享受永遠無法滿足，也沒有辦法讓人的心感到眞正的寧靜、安定與和平；只要物質的生活條件愈舒服，人心就愈不容易安定下來。譬如一雙平價的鞋子就可以穿，可是物以稀爲貴，因爲虛榮，一定要穿名貴的，結果要求愈來愈高，拚命搶稀有的東西來享受，以爲只要能享受愈名貴、稀有的東西，就愈能得到滿足。

其實這些東西都不能讓人得到滿足，享受到最後還是空虛。人的心必須在樸實簡單之中才能安定下來，才不會隨著物質而起伏，今天想要這個，明天又想要得到比這個更好的享受。所以，唯有過樸實、清貧的生活，才能讓自己滿足，也才是最好的自在享受。

第三篇　瞋

凡是不能以慈悲心待人，就是瞋。
若能多培養、增長我們的慈悲心，
瞋念自然就會減少，甚至消失了。

為什麼要生氣？

佛法認爲，「貪、瞋、癡」是我們人類的三種根本煩惱，稱爲「三毒」。其實我們每一個人，都不能避免起瞋心，只不過有一些人是瞋恨在心裡，沒有表現出來罷了。

可是有一些人往往會把心中的瞋恨從身、口的行爲中發作出來，無論是表現在言語或身體上，都是既傷己又傷人。所以，我們通常會把瞋譬喻爲火，又稱爲瞋火，是因爲它像火一樣會使我們失去清涼的智慧。

如果我們能夠保持平心靜氣，就不會有瞋恨心了。可惜的是，要一直保持心靈的平靜，並不是件容易的事。瞋恨的起因，一般認爲是外在環境無法獲得滿足，或者不能讓人順心如意，而使人的內心產生衝突而生起瞋恨心。

但有時其實是自己內在的關係，例如他人並沒有妨礙我們的工作，只是自己看別人不順眼，莫名其妙地就生起氣來。所以外在環境的原因，有時是個人自以爲是，但並不一定是完全客觀，也不一定外在眞的有什麼人事物讓人瞋恨，即使自己已經氣得半死了，他人也未必會知道。

另外，瞋恨不一定是對外的，有時是自己內在的煩惱，譬如有的人會恨自己的能力不足、福報不夠，或恨自己不夠聰明、努力不夠等。雖然自己恨自己不會傷害別人，但是心中有恨意總是不好的，尤其當自己恨自己到了極點時，就會開始處罰自己，而對自己最大的處罰就是自殺。因爲討厭自己這麼差勁，於是覺得實在是生不如死，不如死了算了。

由此可知，瞋恨會帶給人非常大的禍患，一定要適時化解瞋心。化解的方式有兩種：首先是觀念的化解，其次是方法的修行。

首先，要從觀念上來化解，仔細分析瞋恨發生的原因，並進一步思考：瞋恨對我們究竟有什麼影響？經過一番理性的分析之後，在觀念上就會知道無論是恨人或是恨己，都無濟於事，倒不如從改變自己、改善處境做起，這要比用恨或瞋的情緒面對問題要好得多了。

如果不管怎樣分析、解釋，都化解不開瞋恨心時，此時最好的辦法就是多拜佛、念佛、讀經或打坐，這些方法都能夠化解瞋恨的情緒，幫助人透過修行消業。但是如果我們面對問題沒有慚愧心和懺悔心的話，業還是不容易消解的。

其實，無論是哪一種修行方法，都是要我們學習慈悲，不僅對待眾生要慈悲，對自己也是一樣。對己慈悲，就是要用智慧來處理自己的事，凡事不要感情用事，那麼容易動氣、動情緒。而對人慈悲，就是不管他人有理或沒理，都應該原諒他，就像我們也希望別人能諒解我們一樣，要將心比心。如果我們能以身作則，或是設身處地諒解他人，瞋恨心就會慢慢地減少了。

瞋是心中火

佛教稱瞋火爲無明火，像是說「瞋是心中火，能燒功德林」，或是「一念瞋心起，百萬障門開」。可見瞋火能夠讓人在一念之間，把自己所修的功德都摧毀了，就好像兒童玩積木一樣，只要一生氣，把腳一踢，辛苦堆好的房子馬上就應聲而倒。

因此，忍實在是非常重要的事。不能忍就會產生憤怒的心，憤怒的心一般是從語言、行爲表現出來，這種直接由言語和行爲所發洩的憤怒，對人的傷害非常大。雖然有的人敢怒不敢言，其他人並不知道，也不會因此受傷害，但是因爲他的內心充滿了恨，其實已經造成了自己的極大痛苦。所以憤怒，不管別人是否能看到或感覺得到，都不是件好事。

根據研究報導，當一個人憤怒的時候，身體的細胞會死得很快，而且容易生氣憤怒的人，身體的內分泌系統、循環系統、消化系統等都會產生障礙。常常用語言或動作來發洩憤怒的人，對身體健康已經很不好了，何況不發洩出來，僅僅在心裡發火的人，那就好像悶燒一樣，對自己的身心傷害反而更大。這也就是為什麼有一些人老是鬱鬱寡歡、悶悶不樂，容易害精神上的疾病的原因。

那麼，我們該如何化解憤怒呢？這可以從觀念和方法兩方面來幫助自己。

所謂觀念，就是要瞭解自己為什麼會憤怒？為什麼會那麼痛苦？其實，憤怒的原因不論是想要發洩，或是敢怒不敢言，都是因為自己感覺被冤枉，而心中充滿委曲。譬如被責怪做錯了事，或是說錯了話，但事實上是被人陷害，因此既怨恨自己無力申冤，也怨恨別人的惡意陷阱。

對於這種情形，我們可以從因果來理解。現在會發生這樣的事，可能是因，也可能是果。如果是因，那我不要還報，因為我還報給他的話，不但他痛苦，我更痛苦；如果是果，那麼我應該要接受，不要再還報，如果還報的話，那又變成了因，重重無盡，就會不斷地因果循環下去。如果能從這一點來看，就不會那麼憤憤不平了。

如果當下我們的觀念轉不過來，也想不通時，這時就先不要想它，也不要用理由來解釋，一有時間就念「阿彌陀佛」、「觀世音菩薩」的聖號，或是注意自己的呼吸、自己的心念活動情況，以及自己的內心痛苦現象。此時就能夠體會：「都已經這樣痛苦了，我還要更加痛苦嗎？」想到這一點，你的心就不會總是和那些不平的事對抗，情緒也會慢慢地緩和，憤怒的情形也會減少，而這就是從方法上來化解憤怒。

所以，只要能靈活運用佛法的觀念和方法，我們的心就不會再被無明火燒傷，而造成難以彌補的憾恨了。

瞋心與慈心

有人說現代人的瞋心很重，所以我們的社會才會充滿了暴戾之氣。所謂瞋，是個總名稱，它的內容包括不滿意、憤怒、怨恨、看不慣和不自在等內心的感受。呈現在外表上，則是一種憤怒的表情或動作，讓人覺得陰險、奸詐或是恐怖，彷彿生命將受到威脅。可以說，凡是不能以慈悲心待人，和慈悲心相反的，就是瞋心。

慈悲心是愛護人、爲人設想，但它也不一定是和顏悅色的，有時也有金剛怒目的慈悲心。金剛怒目和瞋恨不同，它是一種慈愛。以威嚴方式所展現的慈愛，就像是因爲擔心你會掉到井裡，所以就吼你一下：「不可以到井邊玩！」這是警告，是出於慈愛的警示，和瞋恨不同。

所以，僅僅從表情、語氣上觀察，就認爲和顏悅色的是愛，而現憤怒相的是瞋，那恐怕是不正確的，還是必須從對方所得到的眞正感受、反應，以及行爲的動機來判斷。

譬如口蜜腹劍的人，雖然口裡講的都是甜言蜜語，但是內心盡是一些壞計謀；而人之所以會以害人爲目的，不外乎是貪圖別人的東西，因爲得不到，才起了瞋心。

像社會上有一些情殺的事件，把別人毀容了，或是用暴力手段來對付變心的那一方，都是因爲從愛戀轉成了瞋恨，彷彿一定要看到對方受傷害了，才能消去自己的心頭之恨。然而，並不是一定要發生讓對方受到傷害的行爲才是瞋，只要是存有希望讓對方受傷害的心，就已經是瞋了。

我們常聽人說「小不忍則亂大謀」，瞋心會爲我們的日常生活帶來很多煩惱。首先，會影響到我們的人際關係。因爲一個常常生氣的人，往往會讓人感覺到害怕，而被當成鬼、當成魔來看，即使他並沒有要害人的意思，也都會令人避之唯恐不及。另外，我想每一個人都有過這種經驗，就是生過氣後，常常會覺得很疲倦、很無奈，懊惱自己為什麼要生這個氣？

有禪修經驗的人會發現到，只要一個瞋念起，心就已經浮動而沒辦法安定了。因為心一浮動，渾身的血液就會跟著它緊張起來而發熱，身體當然會因此很不舒服，就像火在體內燃燒一樣。

瞋恨心也會讓人失去理智，無法控制自己的情緒，結果消化系統、血液循環系統、內分泌都因此失調，這都是造成壽命減短的原因。可見，生氣對我們身心健康的妨礙有多麼大。

與其讓瞋心傷人傷己，何不以慈心利人利己？

逆境要忍，順境也要忍

現代人往往火氣很大，因此整個社會總是瀰漫著一股暴戾之氣，而這種瞋心，就是我們常常說的「無明火」。

人之所以起瞋心，是由於個人的欲望、貪愛不能得到滿足；或是雖然得到了，但又失去了。因爲非常在乎自我，所以只要能夠順自己的意就不會起瞋心，偏偏世間不如意的事十之八九，於是心中常常有火氣，火氣就是瞋。像是怨恨、憤怒和仇視，這些都是瞋。

瞋心實在很傷人，只要一生氣，身體的細胞就不知道要死掉多少，很容易引起精神上的不穩定，以及身體上的疾病。所以，瞋心最大的受害者就是自己。

而且，生氣也不能眞正地解決問題，因爲用鬥爭、強權、憤怒等方式處理事情，除了會讓人一時之間有點怕你之外，根本無濟於事。只有用慈悲心或是智慧來處理，才能眞的解決問題。因此，我們可以看到心量大的人，做事成功的機率通常比較高；而時時動瞋火的人，因爲大家都怕他，當然不可能成爲一個受人尊敬的人。所以，我們要多下工夫修養自己的脾氣，才能利人又利己。

那要如何化解瞋心呢？最好的方法是釜底抽薪，也就是確實體認到起瞋心是無用的，只有不瞋，對自己才有好處。因爲當不如意的事發生了，再怎麼生氣都沒有用，生氣只會變成互相謾罵或是肢體衝突，是損人又不利己。因此，我們應該聽聽他人的意見，並且體諒對方的苦衷和用心，這樣瞋心就會減少了。

有的人動不動就愛生氣，明明知道生氣不好，他也不想發火，可是習氣實在很難改。遇到這種連觀念都用不上的時候，我最常教人的方法，就是當我們生氣的時候，要把注意力放在自己的鼻子呼吸上，心裡想著：「我還能夠呼吸，實在是太幸運了！」那麼，情緒就會慢慢地穩定下來。

面對別人發火生氣的時候，忍辱能防止很多不好的事發生。因此，釋迦牟尼佛曾說過忍辱的功德比持戒、苦行還大。忍辱不僅是對逆境現前要忍，對順境也要忍，因為順境出現時，我們往往會得意忘形，如果稍微遇到一點挫折，瞋恨心馬上就會生起。所以，能時時刻刻保持平靜的心態，不要得意忘形，這是忍的智慧。

很多人誤以為忍就是逆來順受，因此遇到任何不合理的事情都會說：「好吧！我就好好忍著吧！」其實，忍並不是忍氣吞聲地受委屈，而是克制自己的衝動，不要馬上做出反應。因為只有先瞭解發生了什麼事後，才能在適當的時機做出恰到好處的反應，這樣才能圓滿地解決問題，這才是忍辱。

瞋心重的人，自我中心也重，總是太在乎自己的意見、得失和面子。其實很多事都沒什麼大不了的，為了一點面子問題，就和別人一爭長短，甚至拚得你死我活，實在很不值得，也很可惜。

因此，千萬不要認為壓制別人，是一件值得洋洋得意的事。而要想到：

我起瞋心時，對方是不是也同樣會起瞋心？如果兩人都生氣的話，就一定會產生問題。如果是自己起瞋心而對方不起瞋心的話，那受害的只有自己，因爲發脾氣的人是自己，對方並沒有發脾氣。即使對方也受害，但相較起來還是佔了便宜，所以是自己損失大，而對方的損失小。想通了這一點，下次瞋心又起時，就會先留一個退路給自己，同時也給別人一條路走，這樣彼此就能夠暢通無阻了。

生氣是慢性自殺

大家都知道瞋是心中火，不但對自己不好，對別人也不好，常起瞋心就如同慢性自殺一樣，所以都希望能好好控制自己的脾氣。

然而，勉強控制瞋恨心的結果，反而會愈控制，就愈瞋恨自己，因爲你會發現根本沒有辦法控制自己的情緒。因此每當瞋恨心生起時，你就會怨恨自己：「怎麼搞的？連自己都控制不住自己的情緒，實在太不應該了！」

情緒是不能用控制的方式來處理的，必須要採取疏導的方式，才能眞正地化解瞋心。而瞋恨和慈悲是相對的，因此只要我們多培養、增長慈悲心，瞋心自然就會減少了。所以，試著從另一個角度看事情，轉變自己的情緒，以更積極的慈悲心、愛心來看待世界，才是化解瞋心最好的方法。

例如你正在忙，孩子們又在你身旁吵鬧，心裡當然會覺得很討厭、煩亂。但是，如果你能將念頭一轉，想到：「孩子們不知道我在忙，只是因爲玩得很高興，才吵吵鬧鬧！」那麼你就會感覺到他們的可愛，很快地就能消除心中的瞋火。但是孩子們的吵鬧畢竟還是會影響你做事，如果仍在吵，不妨就陪他們一起玩，順便休息一下，再回到工作上，這樣說不定效率更高。

其實，當某個人或某件事惹你生氣時，你應該要感謝他，因爲對方用他負面的行爲來提供一個學習的機會給你，讓你能夠戒瞋；而且你也要慈悲、憐憫他，因爲他不知道他的行爲是錯的。

但是，如果已成爲習慣性的瞋恨，想要在瞬間轉變念頭，實在很困難。所以，我常勸人念「阿彌陀佛」，因爲當瞋恨心生起時，念「阿彌陀佛」、「觀世音菩薩」的聖號，或是其他的佛號、咒語，就能把瞋恨的情緒轉移到念佛、持咒或是念菩薩聖號的清淨心念上。能夠這樣做，久而久之，瞋恨心自然而然就會轉爲清淨心了。

因此，下一次當你想要罵人，或是恨人恨得牙癢癢的時候，不要控制你的情緒，就念一句「阿彌陀佛」或是「觀世音菩薩」；即使一時忍不住還是開口罵人，罵出來的那句話也是「阿彌陀佛」。這樣不但憤怒、瞋恨的情緒會漸漸地減少，而且還養成了經常念佛、念菩薩聖號的習慣。

除此之外，我們也要常常問一問自己：「我今天做了多少好事？我今天心裡產生了多少慈悲心？是不是有瞋恨心？瞋恨心有沒有顯露出來？或是心中有瞋恨，但是沒有顯露出來？」就像曾子所說的「吾日三省吾身」，經常反省自己的行爲、語言、心裡的念頭，有了這個自我檢討的工夫，瞋恨心也會愈來愈少。

忍耐不是忍氣吞聲

通常一個人有沒有耐性，和他所生長的環境、家庭因素，以及受教育的過程都有關係。有的人是由於成長過程發生了一些特殊的情況，性格才突然變得沒有耐性；但也有的人本來沒有耐性，後來因為所處的環境，所謂「人在屋簷下，不得不低頭」，讓他不得不向現實低頭，漸漸地也變成有耐性的人。因此，耐性不是「江山易改，本性難移」的事，並不是沒有耐性的人就永遠都沒有耐性。

我們之所以會對某個工作或是某個人付出耐性，首先是覺得那件事應該做，也很喜歡去做，而且一定要完成，所以必須要有耐性；其次則是認為既然這種工作或者是這個人，要逃避也逃避不了，那麼只有付出耐心來處理。

而一般人會沒有耐性，常常是因爲厭倦或是不喜歡某些人和事，其次則是性格使然。有人的性格就是粗心大意，動不動就發脾氣，像是工作隨便說不做就不做了！這就是任性。這種任性的人往往都要憑運氣和福報，才能與人和諧相處，圓滿完成事情。可是一個人的一生之中，能靠運氣的機會實在不多；即使還可以得意一時，但是運氣總會有轉向的時候，所以最好還是培養自己的耐性。

此外，耐性和毅力也有相當的關係。環境和工作常常會帶給我們一些磨鍊，不管是別人交付給你一件非要完成不可的工作，或是本身從事開發研究的工作，在工作進行的過程中，都需要付出很大的耐性與毅力。因爲世事不如意者十之八九，無論工作、學業或是人際關係，幾乎都不可能不遇到挫折。自古以來，許多發明家及有成就的人，都是從失敗中努力不懈，付出毅力與耐性，才獲得最後的成功。

但忍耐的耐性並不等於忍氣吞聲，忍氣吞聲有時候是忍得沒有道理的。例如受人欺負侮辱時，因爲自己不知道怎麼反應，只好忍氣吞聲，那就不算是耐性。因此，只有在自己頭腦很清楚，對人、對事都非常明白時，所付出的才是眞正的耐性，事情也才會成功。如果遇事沒有辦法付出耐性與毅力，則多半會半途而廢，根本沒有成功的希望。

像我並不是一個很聰明的人，也不是一個很有福報的人，但是我很有毅力。別人用一個小時可以做完的工作，我願意花十個小時來完成。因此我在日本念書時，就已經有了心理準備，別人一、二年就能讀完的學位，我可能就要花五年、十年來讀完。但只要我還有一口氣在，一定要把自己想完成的事做完。

所以到目前爲止，我有很多事，都是在磨難之中慢慢地逐一完成。從來沒有一件事是十分順利而沒有阻礙，或是一下子就完成的，可以說都是靠著耐性和毅力，才使我最後都能獲得圓滿的結果。因此，我相信每一個人只要願意堅持，不輕言放棄，都可以磨鍊出耐性來。

第四篇 癡

凡是事理不明、是非顛倒，就是癡。
若能時時心懷正見、正念，
天下就沒有走不通的路。

別顛倒看世界

佛法說「癡」是眾生的根本煩惱之一，癡的意思是事理不明、是非顛倒，這和我們常說這個人很癡心的癡不一樣，癡心的癡是「執迷不悟」的意思。

所謂是非顛倒、事理不明，是指一般常識認爲是正常、合情合理的，甚至於合法的見解，可是從佛法的觀點來看，卻是顚倒見。譬如我們對一樣東西貪戀執著，就會認爲那是永恆的。以男女之間的關係來講，很多人談戀愛或是要結婚的時候，總是山盟海誓，但是人的生命很短暫，怎麼可能像山一樣堅固、像海一樣深廣呢？更何況山和海都有崩塌和乾涸的可能。

偏偏就有許多人相信有永恆不變的東西，能讓自己永久依靠，好像只要找到了靠山，就能平穩安定一輩子似的。卻不知就連山都會崩塌，更何況是人呢？所以說，想以人做靠山是最愚蠢的想法，這就是以無常爲常，以常變的東西爲不變，以不可靠的東西爲可靠，也就是癡。

佛說眾生顛倒，而眾生的顛倒歸納來講有四種，也就是所謂的「四顛倒」。除了上述的「以無常爲常」外，還包括了「以苦爲樂」、「以不清淨爲清淨」、「以非我爲我」。

除了身外之物不可靠之外，就連自己也靠不住，譬如身體的健康，自己的觀念、想法和意志力，沒有一樣東西是我們自己能掌控的。可是我們卻認爲是自己所擁有的，或是自己本身很可靠，這就是「以非我爲我」，其間的落差會爲我們帶來極大的衝擊和痛苦。

「以苦爲樂」就是把明明是苦的事情當作是樂的，而把眞正的樂當作是苦的。譬如很多人會把大吃大喝、狂賭濫嫖當成娛樂來追求，但這只是一時的刺激和快樂，一旦刺激結束以後，在精神上反而會帶來更大的空虛，增加更多身體上的痛苦負擔，那怎能快樂呢？一時間的快樂造成長時間的痛苦，但人卻引以為樂，卻不知道這個被自己覺得是樂的事，其實就是造成苦的原因。

至於「以不清淨為清淨」，是說世界上沒有一樣東西是恆久清淨的，例如我們的身體，現在可能看起來是清淨的，但是到了明天就會流汗髒臭了，這也是人需要天天沐浴的原因。餐桌上美味的食物，我們認為是清淨的、沒問題的，所以吃它，但是吃下肚子以後，等到明天排泄出來時就是不清淨的。美食即使不吃它，只要一收回廚房就會開始變質，然後慢慢腐爛而變得不清淨。

可見，任何東西的淨穢都只是我們一時之間的感覺而已，要視情況才能決定是否是清淨的，那就不是眞正的清淨了。是你喜歡的，那就是清淨的，不喜歡的，就是不清淨的了，因此清淨是相對的感受。

所以，常、樂、我、淨都不可靠，沒有一樣是眞的，都只是一種幻相、幻覺而已。

煩惱與愚癡

愚癡有廣義的，也有狹義的。廣義的愚癡，是泛指所有一切煩惱；而狹義的愚癡，是指觀念、看法或思想上的問題，也就是不明因果、不信因緣，或是因果顛倒，甚至於不相信有因果和因緣。

任何事情都一定要有因有緣才能完成，其中因是主要的條件，緣則是次要的、客觀的條件；一個主要的條件再加上一、兩個以上的客觀條件，就是因緣。如果事情能成功，那是由於因緣成熟的關係，有時不能成功，也是因爲因緣的關係。

因此，如果不希望得到壞的結果，就不要造壞的因。同樣地，如果希望獲得好的成果，那就一定要有好的因才能促成。但是我們往往倒果爲因，永遠搞不清楚造成結果的眞正原因，不是想佔人便宜，就是自己做了壞事卻不負責任，不僅爲自己製造困擾，也造成別人的困擾，因此就一直在因果的纏縛中痛苦。所以，不知道因果、不知道因緣的人，就是愚癡。

因果一定是從因到果，但它不是單線式的從因到果的關係；而是在從因到果的過程中，又有種種的緣配合，然後產生了一個結果出來。譬如我們要一粒種子直接變成瓜，那是不可能的事。一定要經過人工的培育，加上陽光、空氣、水、肥料，以及其他的因素配合，才能夠開花結果。所以說，因果本身是很複雜的。

再從廣義來講，人只要有煩惱，就表示愚癡。在《六祖壇經》裡，形容愚癡就像雲或霧一樣，當天空有雲霧時，我們就看不到太陽和天空了。但是事實上，天空和太陽並不會因此而消失，只是雲把天空和太陽遮住了，使得人看不到而已。但雲霧是因爲空氣裡的潮濕，再加上溫度和其他因緣的關係才形成的，所以它本來就不存在，是因緣聚合而成。因此，當因緣不具足時，總會煙消雲散。

而我們有煩惱的時候，就像被雲遮住了一樣，看不到事實的眞相，因此失去了理智，產生了情緒，煩惱也跟著情緒出來。還好煩惱就像地球表面的雲霧一樣，並非不變的、永久的，而會很快地就恢復原本的萬里無雲。因此，佛說人人都有佛性、人人本來就是佛，只是因爲有了煩惱才變成眾生。

雖說佛性從來都沒有變過，但是眾生都不知道自己的愚癡是假的，不是永恆的。然而就是因爲眾生不知道愚癡是愚癡，才把苦當成樂，一直在愚癡顛倒中。所以，只要知道愚癡爲何，就不會以苦爲樂，而佛法就是當眾生遇到煩惱時，讓我們提高警覺的良方。

跳出自己設的陷阱

曾經有過這麼一則新聞：有一位太太要她先生回家時，順便買一罐沙拉油，但是先生忘記買，太太很生氣，兩人就起了口角，結果太太因此而自殺身亡了。

乍聽之下，不禁讓人覺得匪夷所思，怎麼會爲了一罐沙拉油就自殺呢？如果我們把它視爲獨立事件，這件事應該不至於那麼嚴重，丈夫只要說聲：「對不起，我等一下再去買，或者明天再去買。」事情就可以解決了。問題大概是出在丈夫常常把太太所交代的事項忘記，沒有把太太放在心上。

如果眞是這樣的話，雖然太太可能是愛丈夫的，但是因爲丈夫的態度太漠不關心，就覺得嫁給這個丈夫實在很窩囊，心理也不能平衡，想想活著實在沒意思，結果就自殺了。其實，她如果能和丈夫好好地溝通一下，而不是鑽牛角尖地認爲丈夫不買沙拉油就表示對她不關心，那麼她就不會自殺了。

這個故事看起來非常不可思議，卻是非常普遍的問題，很多人就是爲了一些看似芝麻綠豆的小事而自殺。其實買沙拉油只是一個導火線，並不是眞的只爲了眼前的小事，而是因爲常常有這種事情發生，結果積在心裡的怨氣很久了，非常不平衡，又不知道該怎麼樣來解決這個問題，結果一怒之下，就乾脆死給對方看了。這實在是非常地愚癡。

我想這位太太大概也沒有什麼朋友，如果有幾個閨中好友，她就可以和朋友談談心。交談的時候，也許朋友會說：「我的先生還更糟糕呢！你的先生不過是忘了買沙拉油回來而已，有什麼好生氣的？你自己去買就好了，先生有他要忙的事，可能一忙就忘掉了，你就原諒他吧！」

或是聽聽佛法的觀念，換一個念頭來想，就可以幫助她跳出所陷的困境。很多人就是因爲畫地爲牢，把自己設限在一個圈圈裡，身陷其中、痛苦不堪，如果跳不出來，就可能走向死路了。因此，我很希望大家都能運用佛法的觀念，設法跳出自己所設的陷阱。

「癡」對我們的身心健康實在有很大的傷害，因為愚癡的人，他的心理常常處於不平衡的狀態，很容易給自己壓力；加上社會環境的任何動靜，都會影響到他，心理受影響之後，連帶也會使身體健康出問題。所以，最好凡事都能退一步想，當痛苦或煩惱的時候，告訴自己：「我怎麼這麼愚癡、這麼顛倒！」這樣就能轉念而突破困境。

因此，如果我們遇到瓶頸，或是困境無法通過時，只要將觀念稍微轉一下，天下就沒有走不通的路，只是遲或早、遠或近而已。

危機就是轉機

觀念上、個性上的愚癡、顚倒，會讓自己帶來無窮無盡的煩惱，唯有轉變顚倒的觀念爲正見，才能眞的跳脫煩惱，因此正確的觀念非常重要。

譬如本來這盆花已經插得很好看了，但此時如果來了一位插花老師，希望能插一盆更好的花，那麼在相較之下，這盆花已變得不夠好，自然就會被拿掉重新再插。可是，如果那位插花老師沒有來的話，那這盆花依然會被認爲是盆好花。所以，世間上的事，往往你認爲最差的，在過去某一個時間，它也曾是最好的；而你認爲最好的，可能轉眼間就變成最壞的了。

因此，「塞翁失馬，焉知非福」並不是一句安慰人的話，如果我們眞的能夠善於運用逆境、打擊，那麼它就會變成你成功的一個因素。相反地，有些人雖然幫了你很多忙，可是到最後反而會使你成爲一個無能的人，變成你成功的絆腳石。

可見好與壞並不是絕對的，對於好的事情不要以爲那就是最好的，因此覺得很高興或是有多麼了不得，而興起我一定要保護它、佔有它的念頭。其實即使是好的，那也只是一時的。有時候很糟糕的事，都已經到了一場糊塗的地步，反而會讓你化危機爲轉機。因爲若能瞭解危機，善於運用危機來改變自己、改變環境，就能使得千頭萬緒的事迎刃而解，而你也能馬上成爲一個成功者了。

因此，遇到好事不要沾沾自喜，壞事也不需要垂頭喪氣，這樣才不是愚癡，也才不會增加煩惱、痛苦。當然，每個人都希望成功，但是成功並沒有百分之百的，只是一般人往往會因爲未達百分之百的滿意成就而感到痛苦；如果根本就失敗了的話，那就更加痛苦。

我曾告訴三位準備參加選舉的朋友：「成敗乃兵家常事，對於競選，我們應該要抱著必勝的信心，但同時也做好準備失敗的心。因爲旗鼓相當的人和你競選，即使你失敗了，對你來說收穫還是很大；而對方也應該感謝你，由於你的競爭，還有你豐富的經驗，才使得對方不敢大意，反而因此激發了他的智慧，提出更多、更好的政見。成功是每個競選者都希望的，大家都花了很大的心力，如果最後失敗了，這也是光榮的失敗。何況失敗之後，東山再起的機會還是很多的。」

這就是所謂「轉心不轉境」，以及中國人常說的「禍兮福所依，福兮禍所伏」。但是，這樣的想法和自我安慰的阿Q心態是完全不同的；阿Q心態是沒有希望的、無能的，是幻想式的自我安慰。

我們所強調的心態是有信心的、是努力的、是有目標的，也是有自知之明的，不會以爲一失敗就從此一敗塗地，一成功就從此一帆風順，而是一種非常積極的心態。如果能看清這兩者之間的差異、眞相，我們就不會執著在其中，也就不會再煩惱了。

善用生命不懈怠

懶惰又叫做懈怠，和精進是相反的。它是一種得過且過的生命態度，往往沒有想過自己要完成什麼；即使有，也一直遲遲不採取行動，老是停留在空想的階段，而不願勤奮地去實踐、去努力。因此，懶惰的人往往會覺得生命活得很茫然，但奇妙的是，他們往往又會覺得自己的生活很忙碌。

之所以會有這樣矛盾的感覺，一方面是因爲他的動作慢吞吞，另一方面也是因爲沒有想完成的目標，結果就覺得什麼事情都和自己有關，老是覺得事情很多、很煩。有時甚至於吃飯拿筷子，或是要去倒杯水都懶洋洋地不想動；愈不想動，就愈覺得生活裡要忙的事情太多了。因爲每件事情都拖著沒做完，因此每件事情都覺得要趕，但是又都沒有眞的去執行。

這種人並不一定沒有希望，只是一直沒有行動。也有一些人是眞的懶，什麼都不想做，沒有什麼希望和目標，不知道活下去要做什麼，彷彿活著只是因爲要活著。有些人是眞的因爲能力有限，找不到工作機會，即使得到工作也沒辦法完成，所以就變成游手好閒、好吃懶做的人了。

其實，這種人活得滿痛苦的，因爲自己的無能，讓別人看不起，但又無事可做，類似這樣的人在世界上還眞不少。譬如我在美國就看過許多非裔人，他們的家庭背景無法讓他們受教育，或是本身也沒有意願受教育，基礎教育很差，因此也沒有什麼能力，只好整天窩在家玩，或是坐在門口聊天，年紀輕輕沒事可做，很容易出現犯罪行爲。所以，人如果面對不能夠往上提昇的窘況時，就很容易下墮，而這種現象就是懶惰的成因。

有的人會疑惑，懶惰的人無所追求，那麼生活平淡的人不也是一樣嗎？其實這之間的差別很大。生活平淡的人，他有條件讓生活過得更富裕，只是他並不想追求富裕。所以，他雖然有很強的工作能力而不去拚命工作，比較想過著悠閒的生活。

而且這種過平淡生活的人，多半比較重視精神層面的生活。有人選擇生活在山裡、海邊，有人則選擇到鄉下去，平時喜歡看看書、寫寫字、聽聽音樂，還是有情趣在裡面。因此，他們是有條件地選擇過自己想過的生活，並不是無能或清高，只是希望享受一種悠閒、平淡、安定，而不想受到都市生活或是複雜的人際關係的問題所干擾。

另外，有的人在懶惰過一段時間以後，又會開始去找工作，而且是很積極地行動，這就有可能成爲生命中的轉機。所以，懶惰也並不一定是一輩子的狀況，有可能是階段性的。如果是階段性的懶惰，仍應積極地努力，這才是發揮生命的意義和價值。

不為自己找藉口

好高騖遠的人，頭腦裡常常動著各種念頭、各種謀略，自認爲心懷大志，只是機會還沒到或者是還沒有執行而已。

做事應該要從近處著手、遠處著眼，光是有遠大的志向和願望，而沒有腳踏實地去做，那永遠都是一種虛幻的狂想或妄想，縱然心懷大志，仍然是個無能的人。如果從這個角度來說，應該也可以稱爲「懶人」。

眞正心懷大志的人，在還沒有得志之前，他一定還是很實在地生活和工作。就像古代有一些宰相、將軍，在還沒有任官之前，都是做農夫或是工人、樵夫，後來因爲被發現，機會到了，才出來任官。但是，當他們在做農夫的時候，不但不會說：「唉呀！我是該做宰相的人，怎麼能做農夫呢？」

而且也不會因爲是農夫，就畫地自限，心中仍然有大遠景。如果心裡老是幻想著：「我是準備做大事的，才不屑做這些小事。」那麼一定不可能有後來的成就。

除了狂想、妄想外，「拖」也是一種懶的心態。人多多少少都喜歡拖，原本今天該做的事，就想沒關係，反正明天再做還來得及。其實工作應該是要用「趕的」，不能用「等的」。雖然說做事不能急，但一定要用趕的，因爲工作如果不用趕的話，通常不容易完成，事情唯有在迫切的情況下，不眠不休地趕工，才能順利把它趕出來。

或許有的人會認爲今天做不完沒有關係，明天還可以做；明天做不完，後天再做；即使我自己做不完也沒關係，還可以留給後代做。這都是一種藉口，也是一種懶人心態。我們應該要隨時隨地提醒自己：今天要做的事今天就要完成，因爲明天能不能活著還不知道，能夠趕出來就要盡快把它趕出來。

因此佛法很強調精進，譬如「剋期取證」，意思就是要我們發願，一定要在某一個時段完成什麼。很多人都曾發願，願自己這一生之中能完成什麼。但是，願是要去實踐，否則就會變成空願。不過自己發的願通常做起來會比較有動力，只要一開始動，你的願心就可以慢慢地完成。如果不發願的話，大概連自己要做什麼？往哪個方向？做到什麼程度？都不知道。因此，我常勸人要發願，因爲發願之後你就一定要做，你也一定會去做，而會努力去完成這個願心。

其實，只要能瞭解「生命無常、人身可貴」，就能克服喜歡拖延或懶惰的心態。因爲生命是無常的，人隨時都可能死。但是我們人身是可貴的，失去了這個身體之後，就再也沒有辦法用我們的身體來完成工作了。所以，在我們還沒有失去人的生命之前，就要好好地運用這個無價的生命，來做無限的貢獻。這樣的話，就能夠激發一個人上進的心並驅除懈怠的心，否則得過且過，認爲自己反正就只能這樣過一生，那實在是太可惜了。

人身是可貴的，人的生命是很難得的，並且非常短暫，我們要好好地珍惜、運用它，才不枉費這個寶貴的生命。

讓生活重新上軌道

散漫可以分為頭腦的散漫，和生活的散漫。頭腦的散漫就是沒有組織力、沒有計畫，說得好聽叫做隨緣，說得不好聽就是沒有主見。

而生活上的散漫，如果是有錢的人，可能就會花天酒地、生活不規律，過著糜爛的生活；如果是沒什麼錢的人，生活就會變得非常地凌亂，在工作上，他無法敬業樂群認定一項工作做下去，結果早上起得很晚，有時候還可以整天睡覺，過著沒有規律的生活。當身心都沒有規律時，就是散漫了。

散漫的生活是非常沉悶、不愉快，也沒有什麼意義。要如何讓生活變得有意思一點呢？先要給自己一個目標，再培養自己的興趣，以發現自己的潛能；等一樣事情做完了，再去做另外一樣，漸漸地就會覺得滿有成就感，也能遠離散漫的生活了。

所以要克服散漫很簡單，可以試著從起床開始。每天起床以後，把床鋪整理好了，再將環境打掃乾淨，東西放整齊，之後再來看一看，欣賞一下自己生活的環境，是不是比過去好一點、舒服一點？

人會散漫的原因，多半是失去了生活的軌道，生活沒有了規律。因爲心沒有了次序，生活自然也沒有次序，於是就變成散漫了。因此，想要克服散漫心，就要將自己納入軌道中。方法可以是每天爲自己安排一個定課，以培養定力和規律，並且用發願的方式把自己的人生方向建立起來。仔細想想自己想要做、應該做的是什麼事？每天的生活要怎麼規畫？當你把生活規律化以後，漸漸地散漫心就會去除，就能進入生活的軌道裡。

而培養興趣的目的，是爲了避免讓目標成爲僵硬的東西。如果只有目標而沒有興趣的話，再好的目標都會成爲例行公事，很快地就會連自己爲什麼要這樣做的目的都不知道了。

此外，培養合群的美德，透過和其他人共同生活與交往，可藉由群眾力量的支持來校正自己的散漫。如果一個個性非常孤僻的人，又生活很散漫的話，那要改變人生態度就很困難了。反過來說，如果還能夠合群，即使他再怎麼散漫，但是因爲心裡覺得需要朋友，也有朋友圈可以交流生活方式的話，那麼他的生活態度就會慢慢地轉變。當然，這裡所指的朋友，是能夠談學問、談信仰，或是一起做些有意義的事，而不是本身生活就沒有規律的朋友。

譬如出家人的生活就是主張要隨眾，也就是隨著大眾一起生活，隨眾起床、隨眾上殿過堂、隨眾作息，這都是團體生活。而團體生活能培養出自己向上的心，因爲眼看其他人都那麼精進用功，即使自己沒有進取心，也會因爲他人的激勵而慢慢變成有進取心的人。所以，隨眾並不是要我們變成像機器一樣呆板，而是要我們活潑潑地學習別人的長處。

隨眾最大的好處，就是不會迷失方向，就像竹林裡又直又高的孟宗竹一樣。因爲園子裡種的全都是竹子，所以每一根都是直直地往上長，沒有彎的。這也就是說，共同一起生活、成長的時候，因爲定時接受營養、接受成長的機會，一定會長得很好；反之，如果是單獨一個人的時候，就會覺得無所謂，並不覺得非要和別人一樣接受教育，接受成長的機會不可，很容易就變成得過且過而迷失自己了。

第五篇

慢

凡是自以為是、恃才傲物，就是慢。
若能放下自我中心，謙恭待人，
慢心自然就會逐漸消失。

是自信，還是自負？

人幾乎都有自負、自滿的心，佛教稱之爲「慢心」，也就是自認爲自己很了不起的意思。這樣的人在和別人相處的時候，不是把別人看得過低，就是把自己看得過高，因此很容易傷害到他人，而成爲彼此的負擔。

人之所以會自負，是因爲他自恃在某方面比別人還好，譬如才能、知識或人品，因此在對待別人時，自然而然就表現出傲慢心來。如果他又很受其他人的肯定，並且不斷有機會往上陞遷，那麼他就會愈來愈傲慢。但是人畢竟不可能永遠往上爬，即使一直往上爬，也總有個頂點，等爬到頂點時，一定會往下坡走。因此，自負對一個人並不好。

然而有慢心的人，常常並不自覺。雖然有很多煩惱，可是不知道這些都是慢心所引起的，譬如他們常覺得自己是自信而不是自負，其實二者是不同的。自信是說有自知之明，也就是明白自己有多少才能、能夠做些什麼事、達成什麼樣的任務。而自負是自認爲有這樣的能力，但是卻不一定能夠做到。

我在東京時，曾經遇到一位從台灣來的朋友，他是政治大學畢業的。他的同學有人做官當到次長，甚至是部長的，因此很感慨地對我說：「法師，您曉得嗎？我很倒楣啊！時不我與，時運不濟，好運彷彿總臨不到我頭上，所以我在東京只能放棄努力，乾脆隱姓埋名了。」他因爲眼看著同學、同輩的事業都很得意，而產生一種失落感，其實這就是因自負所引起的失意。

如果是自知而自信的人，就不會這樣想了，他們會說：「我有做這種事的能力，如果有機會的話，我一定能做得很好；假使沒有機會的話，也沒有關係。因爲這不是我能力的問題，而是因緣不成熟的關係。」或者說：「有什麼事我就做什麼事，不一定要做部長，我做別的事一樣可以做得很好。」所以，自負和自信之間還是有差別的。

因此，察覺慢心的關鍵，就在於是否存有比較的心。一般來說，慢心是自以爲比別人高一等的人才會有，就像有的人會將事情的成功歸功於自己，而將失敗歸咎於別人，認爲做不好，都是因爲別人拆自己的台。

其實覺得自己比別人不好，心理所產生的不平衡和失落感，也是慢心。要知道，事情的成功是需要很多因緣來促成的，不一定全都是自己的功勞。因此，對任何事情我們應該抱持是不是由我來做都好的態度，如果不能做這件事，也可以改做其他事。能夠如此，就能保持心裡的平靜和平安，也就不會起慢心了。

心存謙恭，樂當配角

有慢心的人，內心常常感到不平，充滿痛苦和煩惱，而謙虛與恭敬這兩種態度是我們去除慢心的最佳良方。

所謂謙虛，指的是在和人相處時，不要老是想到自己的功勞。例如在電視節目《大法鼓》裡，雖然我是主講者，但是如果沒有主持人的介紹引導、製作群的精心策畫，再加上編劇選題切中觀眾的需求，這個節目品質不會這麼好，也不會有這麼多人看。還有很支持我們的觀眾，我也很感謝他們。其實我只是這個節目的一個小小因素而已，是眾緣和合，才能把《大法鼓》製作出來，並且有不錯的成績。

當我們能夠從因緣觀的角度思考時，就會懂得謙虛，也就可以去除慢心。但並不會因此而否定了自己的努力，因爲你的奉獻仍是成功的因素，只不過是成功條件的一環，所以不代表全部都是你的功勞。但是有些人會把功勞全歸給自己，把所有人都否定掉，認爲其他人都是沾他的光，那就有可能會說出：「你如果不是主持了我的節目，誰會知道有你這個人啊！你還不是因爲我才出名的。」如果說出這樣的話，那就是傲慢心了。

所以，去除傲慢心很重要的就是謙虛，雖然要肯定自己的努力和貢獻，但要把自己當成配角，是眾多因緣裡的一個因素，這樣就不會那麼自我中心，而能常常想到還有其他的人，感謝其他的人、感謝其他的因緣，這樣一來，慢心就沒有了。

除了謙虛，尊敬、恭敬也是化解慢心的重要心態，也就是要敬業樂群。敬業是對所做的工作存著尊敬的心，樂群則是對參與的每個人都生起一種恭敬、感謝的心，這樣他人自然而然會主動配合你、協助你，這才能夠眾志成城。我常講，我聖嚴這個人今天好像有點小名氣，其實這名氣不是我個人的，是信眾、弟子，還有我們的社會，共同把我烘托出來的。所以，我見了任何人都很恭敬、很感謝，不會起慢心。

但是一般人在平常時，不容易向別人低頭，總覺得那是很丟臉的事，特別是對於平輩或屬下，即使知道自己不行，要向人請教的時候，也往往不願低頭，除非會傷害到自己的利益或不得已時，才肯低頭。

在佛門中，禮佛是培養恭敬心的好方法，曾有位居士告訴我，他原本是一個慢心比較重的人，但是在一次參加法鼓山所舉辦的禪三之中，經由禮佛讓他眞正學習、體會到該怎麼謙虛、恭敬。因爲在禮佛的過程中，學習到要把眾生都當成佛一樣看待，以謙卑的心來對待每個眾生。所以，當他禮拜時，將頭、雙手、雙腳拜在地上，觀想禮敬佛時，那種感覺就好像是在禮敬眾生一樣。他覺得這帶給他很大的啓示，對於去除慢心來講，幫助很大。

如果每個人、每個家庭或團體，乃至於整個社會、國家，都能經常保持謙虛和恭敬對方的態度，傲慢心自然就會消失了，也就不易引起爭端。

知慚愧才能更上進

「慚愧」是佛教的專有名詞，在佛教傳入中國之前，並沒有「慚」、「愧」二字連稱的詞彙，而這兩個字都是一種修行的方法與觀念。其中「慚」指的是對不起自己，也就是「自慚形穢」；「愧」指的是對不起他人，所以說「愧對於人」。其實一個對不起他人的人，往往也會對不起自己，譬如做錯事傷害到別人時，至少對自己的品德就已經造成損害，所以也是對不起自己。

而當我們對不起自己的時候，往往也就減少了對人能夠更好一些的機會，所以對不起自己通常也就對不起他人。譬如父母都希望兒女能爲家族爭光，兒女如果沒有做到，那是對不起自己，也對不起父母，讓他們失望了。

雖然並沒有做壞事，但是因爲不夠用心努力，浪費了時間、生命，辜負了家人、家族的期待。因此，慚、愧兩字連起來用，就有對不起自己又對不起他人的意思了。

所以，我們對於老師、朋友，乃至於全體眾生，都應該經常懷著慚愧心，這也是印光大師自號爲「常慚愧僧」的原因。一位人人都認爲缺點很少，足以爲模範的高僧，仍然覺得自己經常犯錯而感到慚愧，這不僅是謙虛的一種品德，而且是比謙虛更進一步的修行。

謙虛是自知有所不能、有所欠缺，所以對人很謙虛。可是慚愧是非常積極的，自己知道錯了應該改過，自己知道不行應該努力，自己知道做得已經不錯，但是還不夠好，應該更努力改進，這就是常常有慚愧心、菩提心的人。我們學佛就是要學習有智慧、有慈悲，自利利人的菩提心、菩薩心，並且要一直到成佛才算圓滿；在尚未成佛以前，都應該隨時提起慚、愧這兩字。

如果能夠常把「慚愧」兩個字放在心頭，則會有三大好處：第一是不敢懈怠，會非常精進、努力。第二則是非常謙虛，不但見到任何人都會尊敬，並且會無條件地幫助人。第三是能夠忍辱負重，因為懂得慚愧，所以難行能行、難忍能忍、難捨能捨，這就是菩薩精神。

因此我們不要誤會，認為有慚愧心就表示是有缺點，承認有缺點就表示做人很差勁，事實上是恰好相反的。因為知慚愧，所以才能缺點很少，常常改進；因為知慚愧，所以保持努力，精進不懈。

不懂就說不懂

對於一般人來說，「慢」就是「驕傲」。但是，佛經將它分析得比較細，例如「過慢」，過是超過的意思，自以為比他人強，覺得很驕傲而瞧不起不如他的人，這就叫做過慢。

還有「卑劣慢」，這是說明知自己不行還覺得很驕傲，就像魯迅的小說《阿Q正傳》裡的阿Q，他被人欺負、挨打，就說這是兒子打老子，認為自己是老子，而打他的人是兒子。此外，我們也常聽人講：「有什麼了不起，他不過是多讀一點書而已，他睡覺我也睡覺，他走路我也走路，他吃飯我也一樣吃飯，而且不見得比我吃得多。」像這樣，自己不行還看不起人家，就叫做卑劣慢，這種慢心也非常普遍。

另外還有一種慢，是自己並沒有比人高明，只是爲了保護自己，總是虛撐架子，這叫做「虛驕」。因爲虛，自己覺得不行，因此要先發制人，對任何人都表現出一副高傲、驕慢的模樣，好像自己多了不起，就怕別人看不起。像這種人不知道天高地厚，到任何地方都表現出這種態度，一旦被人拆穿，馬上又變成「卑劣慢」。如果他發現自己的確比人家高明一點的話，馬上又傲慢起來。

傲慢的人，一定是對上會頂、對下會壓、對同事計較和排斥。所以，有慢心的人很不容易成爲受歡迎的人；就算他表現得讓你可以接受他，但沒多久就會讓人害怕，因爲和他相處時不是很舒服，總覺得他身上有刺。

我們要擺脫慢的習氣，首先要有自知之明。所謂自知之明，就是自己不懂就說不懂，也就是「知之爲知之，不知爲不知」。知道十分而說六、七分，那不算是什麼壞事；但是如果只知道六、七分，卻說知道十分，那就是「慢」了。所以，當我們說大話的時候，要曉得已經脫離了眞實的自己；但是謙虛的話也不要說得太虛僞，而要恰到好處。

因此，明白自己是半斤就當自己是半斤、是一兩就是一兩，不需要裝模作樣造假，也不需要跟人比較；一比較，兩種慢就一定會出現。自己走自己的路，憑自己的心力、天資和福報盡心努力。他好，我們讚歎；他不好，我們應該鼓勵，不需要在他面前表現驕傲。對上要尊敬，對下要體諒，對同事要互相尊重，如果能這樣，這個慢就沒有了。

發現不足，包容別人

謙虛是非常重要的事，譬如在《易經》的六十四卦裡，每一卦都有凶有吉，唯有「謙」卦沒有凶，只有吉，是最好的一卦。

因為謙能夠讓，讓就能夠虛，虛才能夠容，也就是能夠包容所有的人。一個人如果能夠懂得退讓、包容別人，也就是所謂的虛懷若谷，便能夠接納百川，得到各方面的好處。

所以，能夠虛心傾聽他人意見的人，一定也能夠尊重所有的人。如果一個人沒有謙虛心，那就會自以為是，兩隻眼睛像長在頭頂上似的，怎能看得到別人呢？因為他看到的只有天，就會傲慢無禮。傲慢無禮的人會因輕視而傷害到別人，但是同樣地，他也會不受歡迎而被孤立，因為他不接受人，別人自然也不會接受他。

謙虛的確是很重要的，但是要做到卻相當不容易。因爲一般人通常只看到別人的缺點、問題，看到別人對不起自己、別人不足的部分，總以爲自己比別人強，貢獻比別人多，常常都是在肯定自己、否定他人，對自己的要求也總是比較慈悲一些，像這樣的人怎麼會懂得謙虛呢？

基本上，人都是凡夫，是凡夫就不可能沒有缺點。所以，我們要先檢討自己的缺點，再看看他人有沒有什麼優點値得我們學習的；檢討自己過去有哪些應該做好卻沒做好的，或是不應該做錯卻做錯的，對這些事情都應該要心生慚愧，並且積極改進。改進的方法，就是對未來要有悲願心，所謂悲願，就是希望自己從此以後要爲家人、爲眾生，奉獻服務，帶給他們利益，讓他們得到關懷照顧、得到幸福快樂。

有了悲願，就會感覺到自己的不足，發現要學習、努力的東西實在太多了。其實學習的機會俯拾皆是，所謂「三人行必有我師」，三個人在一起時，另外兩個人一定有自己能學到的東西。何況在我們的現實生活裡，對外的接觸面相當廣，接觸的人很多，一定有東西可以讓我們學習的。他們的表現如果是正面的，就學習他們的優點和長處；就算是負面的，也可以學習如何避免自己像他們一樣犯錯。

少批評他人，多檢討自己，向他人學習；對過去要有慚愧心，對未來要有悲願心。如果能有這樣的心態，我們就能成為一個非常謙虛的人。

謙虛才有成長空間

人的一生是一個不斷追求自我成長的過程，人生的成就也就在這一點一滴的自我成長中累積起來。只要不斷提昇自己，努力以赴，成果自然就會水到渠成，實至而名歸。

但是，現今社會上有些人過分膨脹自我，不肯腳踏實地努力充實自己，尤其年輕人表現欲強、好大喜功的情形似乎特別嚴重。實際上，自我成長應該是一步一腳印，有多少奉獻，就有多少成果，所謂「種瓜得瓜，種豆得豆」。

其實年輕人帶著一種狂傲的氣質，也不是不好。狂狷之氣並不全然是壞的，因爲通常狂狷之人必定擁有一些讓他狂傲的能耐。也許是體能不錯或是聰明過人，也可能是比任何人更勇於付出、更努力，因而得到很好的成績。當他發現同輩的表現都不如自己時，驕傲之心往往油然而生，這種心態和因過度自我膨脹而產生的驕傲是不一樣的。

一個人年紀愈大，愈感覺到自己的能力有限；而且閱歷增加之後，也會發現「人上有人，天外有天」。所謂「人上有人，天外有天」，指的是即使在平輩之中沒有比自己厲害的人，但是在年長、甚至年輕一輩中，可能還有高人；就算同一時代沒有比自己更強的人，在過去時代之中也一定會有；這就是人情世故。

所以，當一個人閱歷加深了以後，自然會慢慢地收斂狂傲之氣，如果還不知收斂，這個人的成長空間也就到此爲止，不會再有什麼成就了。因爲一個愛出風頭、搶功諉過、踩在別人頭上往上爬的人，到哪裡都不得人緣。這種損人利己的人，也許能有一時小小的成就，卻不可能成就大事。

能成大功的人，一定是虛懷若谷、努力精進，爲他人奉獻、服務的人，而且不會把功勞據爲己有。這種虛心的人，必定受到別人尊敬，和那些膨脹自我、目中無人的人完全不一樣。人們對於自吹自擂的人即使當面不說，背後也會批評。所以，做人不管有多大貢獻、多少能耐，都能夠謙虛爲懷。

一個人的成功，絕不是單獨而孤立的現象，而是眾緣和合而成的。以佛法來講，一個人的成功是眾生共同的福德所感召、促成的，個人並沒有什麼奉獻，只是一個工具而已，沒有什麼了不起。如果大家都沒有福報來接受這樣的成果，個人再努力也是沒有用的。這就是我們所謂的「共業」，是大家共同努力而完成的。

所以，不管是年輕人也好，年長者也罷，成功之後絕對不要得意忘形、膨脹自己。如果任何事情都能這樣想，驕傲的人大概就會少了，而人人都不驕傲，都能謙虛爲懷，那麼世界也就會更和平了。

慚愧不是自卑

佛法要我們知慚愧、常懺悔，但是有的人似乎因此而喪失了自信心，這是錯解慚愧為自卑的緣故。

其實，慚愧和自卑是完全不一樣的。自卑是對自己沒有信心、看不起自己，或者是被別人看不起而覺得自己能力不足，因此什麼都不想做，也不敢見人。慚愧則是因為自己覺得做得不夠好，或者是做錯了，想要改進、彌補，即所謂的「亡羊補牢」。

因此，慚愧是知道錯誤之後，一種積極改正的反應。譬如你說錯一句話而得罪了人，自己卻不知道，後來發現有人因為你無心所說的話而受傷，因此不想再見到你，就會覺得很慚愧。心想自己怎麼這麼不小心，連說錯話都不知道，下次一定要改進。所以慚愧心生起之後，一定會向人抱歉，然後心生警惕，希望下次能改進。

慚愧本來的意思，是對不起自己和愧對於他人。有人會覺得疑惑，認爲對不起他人不一定會對不起自己，而對不起自己也不一定會對不起別人，其實這兩者的關係是息息相關的。譬如自己做錯事、說錯話，表面上只有傷害到別人，但實際上也傷害到自己的品德。有時雖然沒做錯事、說錯話，並且受到很多人的讚歎，甚至頒獎給你，可是你覺得這個獎勵或回饋，與自己付出的努力不相稱而有慚愧感，那你就應該要多付出一點。所以，即使沒有受到傷害，仍然要反省。

像我經常在主持禪七，或是上過一系列的課之後，都會對學員們說：「這次雖然爲諸位上課，但是我的準備好像不夠周到，看到大家付出那麼多的時間來學習，我覺得對你們很抱歉、很慚愧。」有時候學員們在上完我的課以後，會對我說謝謝，我總會講：「慚愧、慚愧，我應該感謝大家能夠接受我這樣的課，忍受我這樣的人。」當我覺得慚愧時，下一次的課可能就會上得更好一些，也會讓我的學生、弟子們感覺到或許我講得不一定是最好的，應該還有更好的東西值得探究，於是自己就會主動再去研究，發現更好、更新、更有用的觀念和方法。由此可見，慚愧是非常正面的。

可是自卑就不一樣了，自卑是受人批評或是做完一件事情之後，覺得沒有自信心，覺得對不起人也對不起自己，而產生「乾脆算了」的心態。心想這樣的事情再也不做了，反正做來做去都做不好，不但不能讓人滿意，連自己也不滿意，既然無能，最好還是別獻醜了。

因此，自卑感不但不能使自己成長，更不能爲他人做更多的服務和奉獻，反而造成退縮，和慚愧是完全不同的。

以鼓勵代替責備

佛經裡有一個關於牽牛車的故事，是說兩個牽著牛車要上坡的人，前面一個人拉著車往上走的時候，就不停地對牛講鼓勵的話，他說：「乖牛，我知道你的力氣很大，相信你一定拉得上去；等上坡後，我會讓你好好休息一下。我也會幫你忙的。來！我們一起來！」結果這隻牛很快就拉上了坡。

第二個人則是一直猛趕著牛，而且一邊打一邊罵：「你這隻笨牛！懶牛！現在我們要上坡了，我想你這隻蠢牛一定拉不上去。」結果這隻牛就站著不動了，無論他怎麼用鞭子打，牠也不願意拉，反正牠被罵是隻笨牛、懶牛，爬不上去也是理所當然。

雖然這是則寓言故事，可是我想眞實的牛可能也是這樣。同樣地，對人來講，鼓勵要比責罵、侮辱或輕視要好得多。如果你讚美、鼓勵他，他自然會竭盡心力，而覺得：「你對我這麼好，我當然應該努力。」但是如果你老是罵他沒有用、沒出息，他自然會想：「反正我就是沒有出息了，還能怎麼樣？」結果連試一試的機會都放棄了。

曾經有個女孩在讀高中的時候比較愛玩，母親因爲不放心她，所以每天放學後，不管早或晚，都一定會問她：「妳今天有沒有跟男孩子出去鬼混？」即使她說沒有，母親也不太相信，還是經常這樣問。女孩就想：「反正我早回去也這樣說，晚回去也這樣說，那就晚一點回去吧！」

結果有天母親劈頭就問：「妳今天死到哪兒去了？一定是跟那些太保流氓混在一起對不對？」其實她晚一點回去也沒去做什麼壞事，而且本來也沒有什麼太保流氓的朋友，可是因爲說沒有也被說成有，後來眞的去和太保流氓做朋友了。一直到自己懂得反省了，才離開那些朋友。

所以，對於孩子的教養，不能老是說他不好，否則很容易養成他自卑的人格，凡事都往壞處想，就會更加自暴自棄。我們應該多鼓勵、讚美孩子，但不能夠無限制地讚美他，不然會造成孩子的誤會而變得驕縱、目空一切，甚至於變成孩子的另一股壓力，這些對於孩子的身心發展都會有不好的影響。

你可以告訴孩子說：「你今天做得非常好，媽媽覺得非常歡喜，但是還有人做得比你好喔！我相信你還會更上一層樓，不過也不要太勉強，努力了就好。」

凡事都要恰到好處，這對於父母教養孩子來講，尤其重要。所以爲了孩子，爲人父母的也應該要多做一點修養自己的工夫。

脫掉虛有其表的外衣

虛榮心是我們的煩惱之一，它和自卑心有一點關係。譬如自己的學問、技能等方面不是很好，卻希望自己能有一些讓別人羨慕的地方，或希望給人一種很有地位的感覺，這種希望就是虛榮心。

像別人在正式場合穿好的服裝是爲了開會、接待貴賓的需要，這是恰如其分；但是他明明不必花大錢買名牌衣服，只是因爲覺得那些名人穿得很氣派，自己也想穿，這就是虛榮。

記得我年輕的時候，大陸曾有一股裝金牙的風潮。很多人的牙齒根本沒問題，但是爲了顯示自己很有錢或是很時髦，也跑去裝個金牙。像這種虛榮心，並不能表示個人的經濟收入，或是增長多少智慧，只是在表相上，有一個東西讓人家看到而已，這就是所謂的虛有其表，也就是虛榮。

有時候虛榮會帶給自己很多痛苦，明明自己用不到，或者根本花費不起，爲了面子，不得不費盡心思。譬如和幾個朋友一起上館子，雖然自己身上沒什麼錢，爲了虛榮，還是勉強點了很多菜請朋友們吃，這是打腫臉充胖子。

另外，有些人則是看到別人做好事而被稱讚，爲了得到讚揚、肯定，才勉強去做一些好事，這也是一種虛榮。而且，這種行爲於人於己都是不好的，很可能因爲自己沒有錢或能力幫助他人，不自量力的結果，不但讓自己就像一腳踩進老鼠夾的人，深陷其中而無法脫身；也會使得需要幫助的人希望落空，受到打擊。

所以，虛榮不一定是針對物質，有時心理上好名，或者喜歡得到別人的肯定，也算是一種虛榮。譬如沽名釣譽的人，他想捐一筆錢，卻要你登廣告替他大肆宣傳，這雖然是虛榮，不過比起一般不實在的虛榮要好一些，因爲他是眞的捐錢，眞有這樣的能力，並不完全是虛假的。

這讓我想起我在大陸看過的一部電影，電影裡有一個人穿了一套西裝，但裡面根本沒有衣服，他所謂的襯衫，只是一個領子再加一條領帶。虛榮的人就像是穿了這套西裝的空心大老倌，雖然外貌堂堂，可是內在什麼都沒有。相信沒有一個人，會願意當一個虛有其表的人吧！

如何消除虛榮心？

在現今社會上，有一些人的生活過得非常奢華，出入坐的都是名車，甚至是加長的豪華轎車；家裡用的是各種黃金製品，甚至連馬桶都是金的。他的目的可能是爲了讓別人知道，他和別人有多麼不一樣，以此滿足自己的虛榮心。

也有人認爲賺了錢就應該花光，因爲財富如果不用，萬一哪天死了來不及享用，不就等於白賺了嗎？所以，有多少就要用掉多少，這是刺激他繼續賺錢的一種原動力。還有人則是認爲，人生在世只有短短幾十年的時間，如果賺的錢自己沒有用到而被他人花掉，多麼可惜而划不來啊！所以，寧可自己把錢花掉，也不願留給別人。這雖然不算是虛榮心，卻是一種浪費。

像這兩種人，無論是站在佛法的立場或是環保的觀點來講，都不應該鼓勵，而應勸勉他們不要這樣浪費。因爲他們所用的都是地球上的自然資源，而自然資源是屬於大家共有的，並不是他個人的。

所以，賺到的錢能節省就該節省，不該拚命花錢享受。譬如車子其實沒有加長的必要，難道要把車當床睡覺？或是在車裡跳舞、喝酒？而馬桶能用就好了，有必要用到黃金打造的嗎？有的人就是爲了與眾不同，反而表現出一種暴發戶的心態。如果樣樣都是金的，或用其他特殊的物質來製造成功的形象，不僅可能讓人覺得他心理有問題，對自己的身體也不一定有益。

要破除這種虛榮觀念，可以請他思考這樣做的快樂在哪裡？如果只是爲了一時的滿足，卻招來別人的嫉妒，或被指責是浪費資源的人，這樣顯示闊氣有什麼價值呢？

但是，如果賺的錢是爲社會謀求福利、改善人的觀念，以及幫助人的品質更好，生活得更安全、安定，那麼花錢就花得應該，花得有意義。

我曾經見過幾個很有錢也很會用錢的人，我到他們家拜訪的時候，發現家裡的陳設非常樸素，吃的、用的、穿的都很樸實。他們把賺來的錢都用在公司的經營和員工的福利，以及對社會的奉獻上，而不花在自己的個人享受上。因爲他們認爲唯有自然才是最好的，最簡樸的生活才是最健康的。

所以，一個有教養和道德水準比較高的人，是不會有虛榮心的，因爲他們明瞭不要因爲財富而迷失了智慧的道理。

第六篇 疑

凡是對己沒有把握，對人沒有信心，就是疑。
若能確立正確的生活方向及處世態度，
便不會老是活在懷疑中。

該不該懷疑？

人不一定生性多疑，多半是因爲曾經上過當，所以才疑神疑鬼。若父母就經常哄騙孩子，孩子自然也學會騙人，因此讓人誤以爲人天生好像就是多疑的。

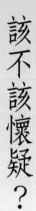

有的人被騙了以後，還是繼續相信人，結果一次一次地受騙，又一次一次地相信，這是一種執迷不悟。因爲他不是眞正地相信人，而是感情用事；不過，也有人是因爲觀察人的能力較差，心腸比較軟，所以很容易受騙。

然而有疑慮並不完全是壞的，例如我們一腳踩出去時，會因爲擔心不小心踩到釘子而事先注意一下，可是有的人會因爲連踩了好幾次釘子，所以每走一步都懷疑自己的腳下有釘子。因此，一個人如果在人生的過程中經常遇到挫折，自然會養成他多疑的性格；反過來說，如果是一個發展相當順利的人，他的自信心就會比較強，無論走到什麼地方，都覺得問題會自然解決。

還有，有的人年輕時，疑心比較少，所以能夠勇往直前；等到年紀大了，就考慮得比較多。他可能會懷疑：「這樣做好嗎？那樣做好嗎？」到老年時，可能就變成一個優柔寡斷的老人了；尤其有的老人因爲沒有本錢上當，就會思前想後顧慮很多。

不過，適當的疑心，還是有種保護的作用。像金光黨就很善於欺騙，他們知道一般人心裡所想的、所要的，就利用人的貪念讓人上當。這時你要想：「爲什麼這麼好的事情會輪到我呢？」其實只要你沒有貪念，就不會相信過分違背常理的事情。

我過去就有一次上當的經驗，現在想起來覺得很好玩。那時我在美國收到一封信，說我得了獎，要我去領取。我不相信，便問美國朋友，有一個就說很可能是眞的得獎，因爲有些商家爲了推銷，可能舉辦抽獎，他就常常碰到這種事。於是我請他幫忙打個電話去問，結果對方說我的確抽中了一台很好的電器，請他去領。我的美國朋友也沒問是什麼電器，開了車就去領獎，結果足足開了五十英里，才得到一副普通的耳機，算算一天的汽油錢，眞是不划算。那麼爲什麼我會得獎呢？原來是個推銷房子的商人，從別處得到我的通訊資料，便以中獎爲藉口要我去看房子。自從這次經驗以後，我什麼抽獎都不想得了。

對於陌生人也要有適當的提防心，例如有人告訴你：「你爸爸現在在醫院裡，我帶你去醫院看他。」你就必須先問：「我爸爸怎麼會在醫院裡呢？讓我先打個電話問一問？」等確定對方是什麼人、跟爸爸的關係之後，才能相信。也許對方眞的是很好心來告訴你，但是爲了謹愼和保護自己，最好還是感謝他之後，自己一個人去比較安全，不要輕易就上了別人的當。

雖然疑慮有保護自己的作用，但是也不能夠把它當成一種不變的定律和態度，做任何事情都疑神疑鬼。其間分寸的拿捏，需要善用智慧判斷，才能掌握住。

疑心與信心

疑心重的人常常猶豫不決，有的是對自己沒有把握，有的則是對他人沒有信心，所以對任何事情都優柔寡斷。

因爲他們沒有自己的中心思想，也沒有一定的目標、方向和標準來做爲自己立身處事的原則，所以隨時隨地對任何事情都產生懷疑。不管別人對他再好，他都可能會朝負面的方向來想。因此，一個疑心重的人，做任何事情都不容易成功。

通常我們形容這種類型的人爲「狐疑」，就是說他像狐狸一樣狡猾。狐狸可說是最沒安全感的動物，所以便拿牠來形容對任何事情都站在懷疑態度思考的人——不是懷疑別人會對他不利，就是懷疑事情會有變化。

我們說人要有信心，指的是要相信自己、相信別人，以及相信事實。所謂相信，是對人或事已經有一些把握、有一點瞭解，就如常言所道：「知己知彼，百戰百勝。」這樣你才能夠有信心。如果你自不量力，盲目行事，到時候很可能會經常處於自我懷疑的矛盾中。

舉例來說，《大法鼓》節目邀請陳月卿小姐當節目主持人，自然是相信她一定有這個主持能力。但是我和陳小姐能不能配合，以及能夠配合到什麼程度，就要靠我們之間的信任程度。所以，我們在上節目之前，會先溝通、瞭解一下這次要談的主題是什麼；如果完全不瞭解，那根本就無法對談。這樣的態度是認眞、謹愼的，目的是希望把事情做得更好；希望完成這件事情時，彼此不論在做事或是相處上，都能很愉快。

因此，我們做任何事情都要有預備工作，也就是一般人所說的收集、研究資料；有充分的瞭解和分析後，我們在進行過程中便會少一些挫折，並且多一些成功的條件和希望。

其實這些研究、調查，或是謹愼的心態，也是起於對事情的懷疑、不瞭解，就如西方所說的「懷疑是學問之始」。但這種疑是求知，和前面所說的疑不同，因爲不知道是怎麼一回事，所以想瞭解、追求。例如對宗教的信心，我們原本因爲不瞭解教義，所以只有相信。但是你如果一邊懷疑，一邊還在求神拜佛，那你求他還有什麼意義？

另外，不要將「疑」運用在人際關係上，也就是一開始交朋友時，就要信任，如果有疑心，那就乾脆不要交這個朋友。不過在交往後，也沒有必要把自己的底牌全部露出來，這樣反而容易讓朋友起壞心眼；他本來不一定有壞心眼的，結果因爲你的關係而增長了壞心，對他不是很不公平嗎？所以與人結交時，一定要先相信對方。用人也是一樣，所謂「疑者不用，用者不疑」，但是在用人的過程中，仍然要小心謹慎，這樣才能讓人才有發揮機會，把事情做好。

所以，信和疑雖然是相對的，但也是相輔相成，有信才能夠完成事情。你如果對人沒有信心，只有懷疑，就會老是在原地踏步，事情自然也就成功無望了。

用信來除疑

我有一個信眾，他相信自己的命不好，非常迷信紫微斗數，每天出門前、回家後，一定會用紫微斗數算一算。有時連出門坐車的顏色是紅色還是黃色，他都要事先算一下；甚至因爲怕中毒，吃飯前還要用銀針在飯碗裡插一插，整天就這樣疑神疑鬼的。

因爲他一點安全感也沒有，懷疑一切；而當一個人生活到這種程度的時候，是非常痛苦的。後來我問他：「我天天出門、見人，天天沒事。你天天這個樣子，是不是天天有事啊？」他說：「是啊！這個世界實在很可怕。」

另外，還有一個人，他每天做生意的時候，如果是現金交易，他都要別人把錢放到一個紙袋裡，而不敢用自己的手去摸鈔票，結果搞不清楚別人到底給了他多少錢。我問他：「爲什麼要這樣做呢？」他說：「現在鈔票上什麼病毒都有，鈔票是最髒的。」我就問他：「我摸鈔票，怎麼都沒事？」結果他說：「師父，您的手大概是防毒的。」我說：「沒這回事。你每天洗手就可以了，不要擔心到這種程度。」後來這個人還是死了，原因不是中毒，而是太過小心，最後竟擔心過度而死了。

他每天生活在恐懼之中，懷疑任何東西都會傷害他，都會威脅他的生命，所以生活充滿著疑慮。當一個人老是在懷疑的時候，這個世界就變成了地獄一樣。本來是很好的一個環境，你卻把它當成處處都是地雷、處處都有巨毒的地方，當然無法生活下去，而他可能就是因爲心理負荷不了而死亡的。

要去除心中無謂的懷疑，我們必須先建立一個正確的生活方向、方式，以及正確的處世態度，才不會老是生活在懷疑中。而其關鍵就在「相信」兩字，也就是相信因果、相信因緣。

相信因果之後，就會相信不該自己倒楣的時候，是不會有事的，也就不會過度擔心。這個因果，是自己過去無量世以來，一直到現在的所作所爲累積所得，雖然不知道原委如何，但是因爲相信有因果，你就會朝好的方向努力，生活也會愈來愈踏實。

相信因緣，是相信只要自己小心謹愼、努力促成好的因緣，自己的生活環境便可以更好；如果沒有好的因緣，你要想辦法去找，去促成那個好的因緣。

雖然一個人的福報、壽祿在出生的時候，大致上就已經決定了，但它不是一成不變的。只要我們再加以努力，還是能夠有所改變、有所改善的。相信因果，相信因緣，「信」可以去除疑。

疑出柳暗花明

人會憂慮，是對還沒發生的事情擔心；而疑慮，則是懷疑已經發生了或者是即將發生的事情，會不會有什麼不好的結果。像這種情形，多半是發生在優柔寡斷的人身上。有人是對孩子憂慮，有人是對老年生活憂慮，有些人則是爲了事業憂慮，所以常常有種走在十字路口的徬徨。

這種徬徨是非常痛苦的，譬如爲人父母的，就常常爲孩子的管教問題，以及孩子將來的出路擔心。如果父母常處於這種憂慮、懷疑的情況，會對孩子有不良的影響。因爲他會讓孩子捉摸不定，孩子不讀書不好，讀太多書也不好；孩子玩太多不好，不玩也不好，搞得孩子無所適從，不知道該怎麼辦才好？

我自己就曾有過這樣的經驗。當我天天拜佛的時候，我的師父說：「拜佛沒什麼用，等於是雞吃米。」於是我就改為念佛，結果師父又說：「念佛有什麼用？等於放唱片、放留聲機。」於是我又改為打坐，想不到師父又說：「打坐有什麼用？像木頭插樁。」於是我改讀經，師父還是說：「看經有什麼用？都是一大堆的文字。」

後來我就問師父：「我究竟要做什麼才對？」師父回說：「我不知道，你自己去好好用功。」我的師父始終沒告訴我，他為什麼要這樣做。那個時候，我也是充滿著憂慮、懷疑，不知道究竟該怎麼辦？我弄不清楚我的師父為什麼這樣對我。

後來我想，我的師父是在教我不要執著任何一樣東西，只要有執著就是錯的。因此，我體會到其實最好的修行就是「生活即修行」，也就是應該做什麼的時候你就去做什麼，好好用心、用功去做。

其實禪宗的修行方法就是個「疑」，我的師父是不是要讓我產生大疑，我並不清楚。疑是要讓你覺得什麼東西都不對，這樣做不對，那樣做也不對，把自己悶在一個悶葫蘆裡面，然後你一直悶、悶、悶，就在不知道該怎麼辦的時候，突然間就柳暗花明而開悟了。

當時我雖然沒有開悟，但是我覺得我師父用的方法好像是對的，他的目的就是叫我起疑，因爲如果你想知道爲什麼，自然就會去問、去參：「爲什麼拜佛也不對、打坐也不對、看經也不對、念經也不對，那做和尚到底要做什麼？」

因此，我對我的師父沒有疑慮，相信無論師父叫我做什麼都一定有他的道理，這就是沒有疑慮的好處。

不要擔心未來

我常常告訴我的弟子和學生們要有「現在觀」，觀我們現在所處的這個時間。既然你處在現在這個時間，就不要憂慮未來會發生什麼。如果你老是在憂慮未來，就會把現在的時間都浪費掉了，這不是很可惜嗎？

就好像古人說的：「百鳥在林，不如一鳥在手。」意思是：假如你現在有一隻鳥在手上，就不要擔心該怎麼讓樹林裡另外的一百隻鳥，都飛到你手上來，你只要把手上的這一隻鳥照顧好就好了。如果你能照顧好手上的這隻鳥，或許樹上其他的鳥也會飛來。可是如果你老是擔心手上只有一隻，希望一百隻鳥能通通到手，便放棄眼前的這一隻，而跑去抓另外一百隻，結果不但那一百隻會飛掉，連自己手上這隻也會不見了。

所以，你最好是掌握現在、運用現在，從現在這個立足點，一步一步踏實地往前走。人要進步、要往前走，需要立足點和方向感不斷地互相配合，方向是一定不能變的，但是立足點則可改變；如果立足點不能改變的話，你將不能前進。雖然你現在這一腳踩下去是穩固的，還是要很清楚你當下這一步的狀態是什麼，然後才能再踩出第二步，這就是「步步為營」的一種作法。

如果你能掌握這個作法，那麼無論未來發生什麼事情，你都會有臨機應變的能力；否則，你老是在擔心著未來，那你會連現在的這一步都踩不穩，這就是「落空」，是很危險的事。

像有些人因為擔心台灣的局勢而移民，可是移民到國外後，生活反而不如在國內好。我並不反對移民，移民本身沒有問題，外國人也有移民來台灣的，重要的是移民的心態。如果是因為害怕留在台灣會有危險，這樣的心態是有問題的。只要我們把台灣治理得很好，人民很團結，治安很良好，那就沒有問題。因此，不必對我們個人或者社會、國家有太多的憂慮，只要踏實地把我們自己該做的事做好就可以了。

我們要活在當下，也就是要活得很認眞、很踏實。你現在在做什麼就專心去做，如果你在講話就專心講話，不要三心兩意地想其他的事。比方我在接受採訪時，如果心裡胡思亂想，那就會變得語無倫次，當下就出問題。

如果能認眞、踏實而用心地生活，那就是活在當下，這是最好的修行，也是克服憂慮和疑慮最好的方法。

怕也沒有用

所謂恐懼，指的是當我們面臨著危險的情況，或者是知道即將有非常危險的情況發生時，心裡所產生的不安、憂慮。雖然我不是心理學家，但我知道恐懼是一種很可怕的心理狀態，比沒有安全感更加嚴重。中國古代有一些成語故事，像是杯弓蛇影、草木皆兵、風聲鶴唳，都是恐懼心理引起的。

每個人多多少少都有恐懼心，有的人害怕死亡，有的人則是恐懼孤獨。而有恐懼症的人多半是因爲曾經受過驚嚇，像有些人因爲從小被父母凌虐，即使已經長大，他的心中仍然會不斷有恐懼的影像出現。有些人則常常做惡夢，夢到自己被追殺，或是掉到水裡、火坑，所謂「日有所思、夜有所夢」，這也可以看出因爲他的心裡常有恐懼感，任何時候都覺得很害怕。

此外，有的人在打坐的時候，也會有恐懼感產生。爲什麼像打坐這樣安靜、安全的環境裡，還會有恐懼呢？到底在恐懼什麼？這種恐懼感，會讓人覺得背後好像隨時有什麼鬼來找他一樣。其實，這與生命沒有安全感、沒有保障是有關係的。

有人說疑心生暗鬼，恐懼心嚴重時，甚至還會讓人因憂慮過度致死。例如有人罹患癌症，他的親屬怕他擔心，以爲他不知道病情，就可以活得久一點，所以故意隱瞞病情。這聽起來好像有點道理，但是如果能解除病人的恐懼心，知道眞實病情的病人不一定就會死，所以不一定要隱瞞他，甚至不隱瞞會比隱瞞更好。因爲病人如果能夠很清楚自己的身體狀況，才知道要如何調養，這樣死亡可能會離他比較遠一點。

因此，恐懼這種心態如果能夠解除是非常好的，如果不能解除的話，則是很危險的事。所以，對於一些經常感到恐懼的人，我都會告訴他們：「你不要怕，怕也沒有用。」因爲恐懼反而會讓問題更嚴重。所謂「當局者迷，旁觀者清」，當局者迷的原因就是怕，因爲擔心自己利害得失的問題，一直恐懼會發生什麼事情，結果眞的就發生了。但是旁觀者因爲沒有這層恐懼，反而可以正常地處理事情。

由此可見，恐懼對我們的身心影響極大，不僅會讓你的身體受到很大的危害，同時也會束縛你的生命潛能。保持旁觀者的客觀，比較能解除心理的恐懼。

如何去除恐懼？

有一位曾當過警官的人，第一次去香港時害怕極了，擔心在香港下機時沒人來接他。他緊張地問我：「我既不會說廣東話又不會講英語，到了香港沒人接機怎麼辦？」

我說：「沒有關係，你把你朋友的中英文地址與電話號碼抄下來，如果下機看不到朋友，可以打電話問。」結果他又擔心身上沒有港幣，不知道怎麼打香港電話，而且可能連電話都找不到。

我就對他說：「你不要怕，你在香港機場看到穿制服的人，可以找他幫忙；如果你不會講廣東話或英文，可以給他看你朋友的聯絡資料。」後來他到香港時，一下機就看到他的朋友，讓他的種種恐懼一掃而空。

其實，不需要怕成這樣。對我來說，到任何一個地方都是陌生的。我來到這個世界，是一個人來的；我出家、讀書的時候，也是一個人。一個人的時候就要想到，這世界上的每一個人都是一個人，只要很誠心地與別人相處，不要把別人當成陌生人，那麼這些人就不是陌生人，也就不需要恐懼了。

那麼，如何去除恐懼呢？有兩種方式：第一種是抱持著付出、奉獻的態度，也就是自己到這個世上並不是來追求什麼，而是來幫助人。譬如走夜路的時候，心裡怕鬼，你就念「阿彌陀佛」迴向給他們，心裡並想著：「我是在幫忙超度，所以鬼不會找我麻煩的。」如果你看到一個人，心裡並不想要從他那裡得到什麼好處，只是希望能夠幫助他、祝福他能夠平安，這樣就不會感到害怕了。

第二種是要想到這世界上所有的一切，不管人、事、物，都不是永遠不變，而是因緣和合，一種臨時性的存在。當因緣聚合時它就成，因緣滅時就不成。霉運是因緣聚合，好運也是因緣聚合，既然是因緣的和合，那就不必擔心、害怕，因爲你只是因緣之一而已，它隨時都會產生變化，怕也沒有用。

如果能用這兩種心態來待人處世，遇到任何情況就不會再有恐懼心了。

無有恐怖

記得小時候，我在學騎腳踏車，因爲在平地已經騎得很好，所以便改到田埂上騎。由於田埂兩邊都是稻田，很不好騎，那時我心裡就想：「千萬不要掉進稻田裡！」結果還是掉了下去。

其實田埂的寬度，應該可以順利騎過去。後來我從稻田裡爬起來後，心想反正身上已經濕了、弄髒了，再掉進稻田裡也沒關係，這麼一想，第二次就騎得很好了。後來我就想：「爲什麼第一次騎會掉進田裡呢？」就是因爲恐懼、害怕，愈恐懼就愈容易掉進田裡。

另外，我小時候有一點懼高症，特別是走在吊橋時。每當我走上吊橋的時候，只要一看到橋在晃動，就害怕得不敢往前走。後來我想：「反正別人走過去也沒有掉下去，我走過去大概也沒事吧！」於是我就不管吊橋的晃動，順著吊橋一上一下地晃動往前走，順順利利地走完全程。我能走得很愉快，是因爲不再害怕了，怕的話就會寸步難行。

恐懼就是這樣，在我們的人生過程中，做任何事情時，只要有恐懼心，事情就做不成了；可是一旦放下恐懼心後，保證沒有問題。所謂「疑心生暗鬼」，人所恐懼的根本就是自己的心，其實並沒有什麼讓人恐懼的事，不管是走夜路、騎腳踏車或是走吊橋，都是因爲自己的內心害怕、恐懼，才會覺得那是恐懼的事。

《心經》中說「無有恐怖」，這個「恐怖」，和我們一般人講的恐怖不太一樣。無有恐怖的「恐怖」，是恐怖生與死，所謂「凡夫怕死，阿羅漢懼生」。眾生貪生怕死，不知道死了以後會到哪裡去，於是希望不要死；而已經證了阿羅漢果的人，因爲體會過生的痛苦，所以不想再來人間。

其實生死與解脫是同一個東西，你怕生死，生死就是受苦的；如果沒有畏懼，也不要貪念生死，你在生死之中便能自由地來去，可以普度眾生、行菩薩道，這樣的生死有什麼可怕呢？

所以，恐怖實際上是顛倒的，生死本來也不是很痛苦的事，這就是《心經》裡所說的「無有恐怖」。

自信度過每一天

人生在世，常常會毫無緣由地在心裡產生一種不平衡和不安全，茫茫然不知道何去何從？不知道該如何面對未來或現在？這就是恐懼和焦慮。

恐懼和焦慮的起因，多半是因爲自信心不足，也就是因爲不瞭解自己的條件、能力、位置和立場，所以對於未來充滿著不安。例如出門的時候，心中老是掛念著會不會下雨？會不會被車子撞上？恐懼感始終在自己內心揮之不去，老是疑神疑鬼的。

有些人每次出門前，都會在神前求一張籤或者擲筊杯；懂得紫微斗數或《易經》的人，則要排排八字、算算卦，才肯出門。像這樣，在每天出門前都要準備，以祈求平安；晚上回來再謝謝神明或佛菩薩保佑一天的平安，那不就表示自己這一天的平安，是來自菩薩、神明或是祖宗的保佑，而不是自己能操縱的？因爲沒辦法掌控自己，才會時時刻刻覺得身處在一種不安全的環境當中。

想要徹底消除心理上的焦慮和恐懼並不容易，《心經》曾提到：「無有恐怖，遠離顚倒夢想。」要遠離恐怖，必須做到「五蘊皆空」才行。所謂五蘊皆空，就是把我們的身心世界通通都當作是空的。此時，我們身心世界的環境完全掌握在自己手上，就不用擔心今天出門會不會發生事情；即使發生事情也無妨，因爲沒有恐懼和焦慮，就能時時刻刻活在平安之中。

然而想要掌握自己的身心世界，根本是不可能的事。因爲我們的身體並不受我們的指揮，什麼時候頭痛或打噴嚏，我們都不知道。我們常常要別人保重，結果自己馬上就打了一個噴嚏；希望別人不要感冒，結果自己反而感冒，這都是經常看到、發生的事。這也表示我們這個世界根本沒有平安，眞正平安的世界並不在我們這個地方，如何能夠祈求平安呢？如果有可能的話，那一定得像佛菩薩一樣，像觀自在菩薩能夠把色、受、想、行、識這五蘊的身心世界看空，因爲唯有這個大智慧，才能夠眞正平安。

至於我們普通的人，如何能夠平安？我就常常告訴自己，沒有什麼好怕的，因爲怕也沒有用。只能把想得到可能會發生的事，預先做準備，也就是所謂的「未雨綢繆」。不過，即使已經準備好了，都還可能會有突發狀況出現，不是常常聽到「跌破眼鏡」或是「半路殺出一個程咬金」嗎？這是形容一些自己預想不到的事，既然不是預想得到的事，怕也沒有用。因爲恐懼不但於事無補，而且還會令人疑神疑鬼、神經兮兮，這樣一來，每天的日子可就難過了。

所以，對於無常的現實，只要能夠未雨綢繆，盡量清楚明白自己的處境以後，就不要再把心力用在擔心、害怕上。因爲恐懼既然沒有用，那又何必恐懼呢？

國家圖書館出版品預行編目資料

放下的幸福：聖嚴法師的47則情緒管理智慧
聖嚴法師著. -- 初版. -- 臺北市：法鼓文化,
2009.1；面； 公分. --（人間淨土；19）

ISBN 978-957-598-450-2(平裝)

1.佛教修持 2.情緒管理 3.生活指導

225.87 97022923

人間淨土 19

放下的幸福
——聖嚴法師的47則情緒管理智慧

法鼓文化

著者／聖嚴法師
出版／法鼓文化
總監／釋果賢
總編輯／陳重光
編輯／李金瑛、李書儀
封面設計／蕭雅慧
內頁美編／連紫吟、曹任華
地址／臺北市北投區公館路186號5樓
電話／(02)2893-4646 傳真／(02)2896-0731
網址／http：//www.ddc.com.tw
E-mail／market@ddc.com.tw
讀者服務專線／(02)2896-1600
初版一刷／2009年1月
初版四十七刷／2024年2月
建議售價／新臺幣180元
郵撥帳號／50013371
戶名／財團法人法鼓山文教基金會—法鼓文化
北美經銷處／紐約東初禪寺
Chan Meditation Center (New York, USA)
Tel／(718)592-6593 E-mail:chancenter@gmail.com